日本経済

ニュースで学べない

大前研一

KADOKAWA

はじめに

過去の経済原論が通用しなくなった今、どうすべきか

今から約25年後の２０４０年、日本はどうなっているのか？　少子高齢化がもたらす労働人口の圧倒的不足、このままでは存続が難しいと言われる地方自治体など、日本の未来には様々な問題が横たわっています。

地方では既に人口の減少が進み始め、近年ではゴーストタウン化するところが目につくようになってきました。私は一昨年、バイクで四国を回りましたが、30年前は25人くらい人が住んでいたという場所に、今は誰もいない。高知県の奥白髪温泉という昔は温泉があったところも、人どころか温泉さえもなくなってしまいました。２０４０年には、今より相当多くのゴーストタウンができてしまうでしょう。

このような問題に対して、日本政府はどのようなことをするべきなのでしょうか。

人口が減少すると、納税能力はどんどん下がっていきます。したがって今よりもますますサービスレベルは落としていかなければならない。既に日本の年金は、最終勤務年度の給料に比べて、35％程度しかもらえていません。これは、先進国の中で一番低い。国によっては最終年度に稼いでいた給料の50％程度を年金でもらえるのが普通で、国によっては70％程度というところもありますが、日本では、２０４０年になると30％ももらえないと予想されます。さらに勤労者２人で１人の老人、つまり非勤労者の面倒を見なければならないという、すさまじい状況になるわけです。現在の日本は、そういった世界に突っ込んでいこうとしているのです。

しかし現在の政府が行っているのは、バラマキ政策に代表されるサービス合戦ばかりです。おそらく、単純な計算をしてみればまったく不可能なことを約束しているのです。消費税の問題についても、「5％から8％に上げただけであんなに反作用が出たから、8％を10％にするのは延ばす。10％以上にはしない」と政府は言っていますが、単純計算をしても20％まで引き上げないと間に合わない状況です。

現在の日本は、見えている将来像が世界のどこよりも暗い国とすら言えるでしょう。その見えている像に対してストレートに考え、それを正直に政治課題として取り上げる人がいない。これが最大の問題です。タイタニック号が氷山に向かうように、先が見えているにもかかわらず、船上でパーティーをやっているようなものなのです。

今の日本企業は350兆円を超える内部留保を持っているため、銀行から資金を借りることはなく、金利が低くても反応しません。将来が不安だからと投資もしない。私は日本が今入り込んでいる状況を、**「低欲望社会」**と呼んでいます。要するに、欲望のない社会です。欲望のない社会にはどういう問題が出てくるのか。それは今までの経済原論がすべて成り立たなくなるということです。

今までの経済原論は20世紀にイギリスの経済学者ジョン・メイナード・ケインズらを中心に作られたもので、様々なバリエーションがありますが、金利やマネーサプライといったもので経済を調整していこうという理論です。例えば金利を低くすればみんながお金を借りるようになり、景気は上向くかもしれない。過剰に市場にお金を投入すれば借りる人が増え、設備投資も上向くかもしれない。そういったロジックです。

しかし日本は低欲望社会に入ってしまい、これまでの経済原論すべてが成り立たない状況です。アメリカの経済学者ポール・クルーグマン氏や、アベノミクスのアドバイスをしているような人たちが、**20世紀の経済原論を振り回しても市場はまったく反応しない**というわけです。我々は今、金利がつかなくてもひたすら貯金をしています。小学校の頃から算数を学んできている国民がなぜ金利がつかないところに貯金するのか。これは世界の七不思議の一つです。普通、金利が安ければお金を借りて、金利が高ければ貯金する。現在の日本人は金利の安いところに貯金をして、こんなに安いのにお金を借りない。こういう現象はこれまでの世界史で起こったことがありません。

このように、日本だけが特殊な状況に入っていることに対し、「20世紀の理論が使えない」と理解している経済学者がゼロであるのが問題です。いずれドイツやイタリアも、おそらく日本のすぐ後を追ってくると思いますが、**日本は起こると分かっている問題に対して何もしていない**という、極めてユニークな状況になっているのです。

安倍首相はアベノミクスで日本の経済がよくなると言い、日銀の黒田総裁も「黒田バズーカ」など様々な施策を講じてきました。国民はみな期待しましたが、日本経済には何の効果も出ていません。なぜ効果が出ないのか？　原因はどこにあるのか？　ということが、安倍首相も黒田総裁も分かっていないし、新聞やテレビをはじめとするメディアも分かっていない。ニュース記者も物の見方が非常に局所的で、問題がどこにあるのかを理解していない。そのため、**私たちはニュースを読んでも本質的なことは何も学べません。**ニュースを読んで分かるのは、〝安倍首相も黒田総裁も経済が分かっていない〟ということだけで、それ以上のことはほとんど何も分からないのです。

私はアメリカ、ヨーロッパ、アジアの最新動向を、時には現地に足を運んで実際に自分の目で見て理解し、世界と日本の今を比較しながら日本経済の問題、その原因を考えています。本書でも、まず今、世界の政治と経済の潮流がどうなっているのか、課題や問題がどこにあるのかをきちんと把握した上で、そこから見えてくる日本経済の今後の行方を考えていきます。

本書を通してニュースからは学べない、日本経済における問題の本質をしっかりと理解し、企業、地方はこれからどうしていったらいいのか、そして私たち個人として今何をすればいいのかをあなた自身の頭で考え、あなたなりの答えを導き出すヒントにしていただければと思います。

大前 研一

Contents

第１章

世界と日本経済の「３大リスク」

第2章

好調経済国家・地域に注目せよ

第3章

染色体が異なる21世紀の企業たち

第4章

日本経済「低欲望社会」をどう生きるか?

第5章

迫りくる危機にどう立ち向かうか？

本文デザイン／新田由起子（ムーブ）

今求められる教養は「本質を見抜く力」

序章

01

疑問を持ち、調べ、質問する能力を身につけよ

重要なのは「疑問を持ち、自分で調べる」姿勢

昨今の国際情勢や国内政治の状況を鑑みるにつけ、これからの日本経済は、さらに混迷を深める見通しと言わざるを得ません。

混乱の時代を生き抜くために、個人として何ができるのか。物事の本質を見抜く力を身につける方法について、お話しします。

まず重要なのは、**「疑問を持つこと」**。そして、疑問を抱いたことに対して**「自分で調べる」姿勢**です。

例えば土曜日の午後、空いた時間ができたとします。何かテーマを決めて、半日インターネットで調べてみるのです。一つのテーマを決めて、そのことについて徹底的に調査する。すると、驚くほどいろいろな意見に出合えるはずです。

以前、私がマッキンゼー・アンド・カンパニー社にいたときには、調査のために大人数のリサーチ部隊を抱えて仕事をしていましたが、今はそんな必要がない。インターネットに接続できる環境さえあれば、たいていの疑問は自分ひとりで解決できます。ネットワーク上に、ありとあらゆる情報が存在しているからです。

外国に行かなくても、世界中の人の意見に出合える

日本の教科書には「北方四島は日本固有の領土である」と書かれています。でも、そこで「ちょっと待てよ」と疑問を持つ。「本当に北方四島は日本固有の領土なのか？」というテーマを一つ決めるわけです。そうやって調べていくと、真実はそう単

純ではないことが分かる。戦後11年たった1956年、アメリカのダレス国務長官と日本の重光外務大臣が会談しました。ダレスはこの席で、沖縄返還の条件として、「ソ連に対して北方四島を一括返還するよう要求しろ」と迫ったとされています。それ以降、日本政府は「北方四島は日本固有の領土です」と公に発言するようになった。つまりこの考え方は、アメリカの圧力を受けて外務省が作り出した新しいシナリオに基づいているわけです。そういうことが、インターネットで調べればひと通り出てきます。

このように何か疑問を抱いたら、私は時間があるときに徹底的に調べ抜くことにしています。インターネットというのは、我々に与えられた、世界を知るための最大の武器なのです。今は幸せな時代で、外国に行かなくても世界中の人の意見に出合うことができます。代表的なものがWikipediaです。あるテーマについて、異論がある人はどんどん情報を書き換えていく。**世界中の知恵が集まる場所、「集合知」**がそこにあるのです。

「質問する能力」の欠如が政治の嘘をはびこらせる

　ここで問題になってくるのが、**日本人の疑問を持つ力、質問をする能力**です。膨大な情報がそこにあっても、まずは疑問を抱き、次に「調べよう」という意思を持って情報にアクセスしなければ意味がありません。

　例えば、皆さんご存じの「非核三原則」。「持たず、作らず、持ち込ませず」と言っていますが、本当でしょうか。ハワイを出たときに核を搭載していたアメリカの潜水艦、原子力空母が横須賀や佐世保の基地に来ています。ここで「核は途中のどこかで降ろしてきたんでしょうか？　太平洋に捨ててきたんでしょうか？　アメリカがそんなことをすると思いますか？」と国会で質問をする人間がいれば、外務省の嘘が露呈するはずです。しかし、そういう本質を突いた質問をする国会議員は出てこない。

　非核三原則について、外務省が国会でどんな答弁をしているか。「日本国内に核を持ち込ませていません」と明確に答えているかというと、そうではありません。厳密には「答えていない」のです。「非核三原則に違反する場合には、アメリカは日本と協議することになっています。今まで協議がなかった以上は、持ち込んでいないと考えざるを得ません」と、実に役人らしい答弁ですね。限りなく嘘に近い。例えば、これがドイツなら、そんな詭弁は通用しないでしょう。役人の嘘を許さず、「おかしい」と思ったことを徹底的に追及することが政治家の仕事であり、能力が試される場だからです。

政治家に「質問する能力」がないために、戦後、自民党の長期独裁政権によって、日本の外交関係は嘘で固められてしまいました。私に言わせれば、日本人は、**政府の発表や学校教育を鵜呑みにしすぎ**ています。政府や自民党がいつも正しいことを言うとは限らない。「こう言っているけど、本当にそうなのか?」と疑問を持って調べてみると、そのことがよく分かります。

目先の結果ではなく、前提となる法律や制度に疑問を持つ

自分で疑問を持ち、自分で調べるという姿勢を身につければ、それだけで、その人は強大な力を持つことになります。日本人なら誰もが信じているような当たり前のこ

とに対して「本当かな？」と疑問を持てるかどうか。そして、その答えを自分自身で調べるかどうかで、どこまで真実に近づけるかが決まってきます。

例えば国政選挙。日本は議院内閣制の国ですから、選挙で日本を統治してくれる政党を選び、最も得票数の多かった政党が与党になります。与党が首班指名をした人物が総理大臣、首相になっていくという仕組みです。ところが１９９３年、細川内閣が発足したときに何が起こったか。選挙で選ばれた第一党は自民党でした。しかしその後、第二党以下の政党・会派が連立政権を樹立することに合意して、第五党・日本新党の党首だった細川護熙氏が首班指名されたのです。

そこから分かるのは、**法律に矛盾**があるということです。国民が選挙で選んだ第一党は自民党だったのに、選んでいない政党が政権運営を担い、かつ第五党の党首が首相になってしまったわけですから、本来なら「法律を変えるべきだ」という議論が出てきて当然です。ところが日本人は文句を言うどころか、「あら、日本の首相が久しぶりにかっこいいわね」と言って、内閣支持率は史上最高。これがもし独裁国家なら、とても危険なことです。

あるいは小選挙区比例代表並立制。２０１４年12月の衆議院議員選挙で、沖縄県ではすべての小選挙区で自民党候補が敗退しました。しかし、比例代表では、沖縄が九州ブロックに組み込まれているために、自民党が多くの票を取り、小選挙区で落選した沖縄の候補者が全員比例代表で復活してしまいました。沖縄県民が自民党にノーを突きつけたのに、その民意が選挙結果にまったく反映されていないわけです。こんな選挙制度は、明らかにおかしい。しかし、誰も「制度がおかしい」とは言わない。

総選挙の後に、「○○党が△△人勝った」などと目先の結果を見て騒ぐのではなく、そもそも**「こんな法律はおかしい」「こんな制度で本当に日本を維持できるのか」**ということを考えるのが、本当の意味で「疑問を持つ」ということです。

02

「沈みゆく船」から自らの意思で脱出できるか

日本の政府とメディアは真実を伝えない

２０１１年３月、福島第一原子力発電所の事故のときも、私は最初から「圧力容器の底が抜けて、溶けた核燃料が格納容器にたまってしまっている」と言っていましたが、ＮＨＫの解説者は、東京電力と経済産業省の原子力安全・保安院の説明をそのまま繰り返していました。ずっと一緒に嘘をついていたわけです。時間がたち、真実が明らかになったときには、もうＮＨＫも朝日新聞も報道していません。

日本のメディアは、第二次世界大戦のときからその本質が変わっていません。太平洋戦争が終わり、「ミッドウェー海戦以降、主要な戦闘ではすべて日本が負けていた」という事実が明らかになったとき、大本営と一緒に国民を欺き続けてきたメディアは、どうしたか。それまで「鬼畜米英」と声高に叫んでいたにもかかわらず、一夜にして方向転換し、米英のお偉いさんの言いなりになったわけです。

政府とメディアが一体になって真実を隠すこの国で生き抜くために、どうしても必要なのは、「自分で考える力」です。疑問を持ち、自分で調べ、この国の経済がどれくらい大変な状況なのかを知る。そして、**自分の判断で生きていく工夫**をしなければなりません。

危機に直面した時、自分の考えで対応できるか

2014年に起こった韓国の旅客船「セウォル号」の沈没事故では、沈んでいく船の中の様子を撮影した動画が世界中に流れました。船が傾いてどんどん水が入ってきているのに「部屋の中にとどまってください」というアナウンスが流れて、高校生た

ちが船内でじっとしている。ところが船長は先に脱出して救助されていました。例えばあの事故が日本で起こっても、大多数の人は言われるまま船内にとどまるのではないかと思います。しかし、それがドイツやアメリカであったら、結果は変わっていたかもしれません。「こんなに水が入ってきているのに部屋にとどまるのはおかしい」と言って、外に出る人間がたくさんいたはずです。

危機に直面したとき、「これはおかしい。俺は言いなりにならない」と自分の考えで脱出することができるかどうか。これからの日本で求められる最も重要なことは、その一点につきます。皆が右へ倣えの状況でも「私は違うと思います」と言ってみる。まず**疑問を持ち、自分で証拠を集めて自分の意見を形成する**。この能力を、とにかく磨いてください。

自分で世界を見て、自分で解決策を考える

私は多くの企業人や経営者を対象に、様々なセミナーや講義を行っていますが、こ

うしたセミナーにおける一貫したテーマとして、「グローバル」というものがあります。なぜグローバルかというと、私が参加者の皆さんに伝えようとしている基本的な軸が、「日本がなぜいつまでも低迷しているのか」というところにあるからです。

つまり、世界全体を眺め、今の日本を世界と比べてみることによって、「世界で何が起こっているのか」を知り、その上で「日本がよくならない理由は何なのか？」、また「日本がよくなるヒントが、どこかにないのか？」という**本質的な問題についての解決策**を見出していこう、ということです。さらに「世界における競争力をどうつけていくのか？」「自分たちはそこに向かって進めているのか、キャッチアップしなければならないのか」「それによって我々はその生存さえも危うくされるのか」、そういうことを**自分の頭で考えていくことが非常に重要**です。

危うい日本をいかに再生させるか。それはあなた自身の目と耳と頭で世界を知り、あなた自身が解決策を考える以外に方法はないのです。

第1章

世界と日本経済の「3大リスク」

01

先進国と新興国の潮流。世界経済のトレンドを把握する

先進国経済は低成長、新興・途上国は減速へ向かう

今、世界経済は3つのリスクを抱えています。**「中国経済の減速」「アメリカの利上げ」そして「地政学リスク」**です。

世界経済、日本経済に影響をおよぼす、この3大リスクについてお話しする前に、まず2015年から2016年にかけての世界経済全体の動向を見ておきましょう。

１－１　経済成長率の推移（2015年以降は予測）

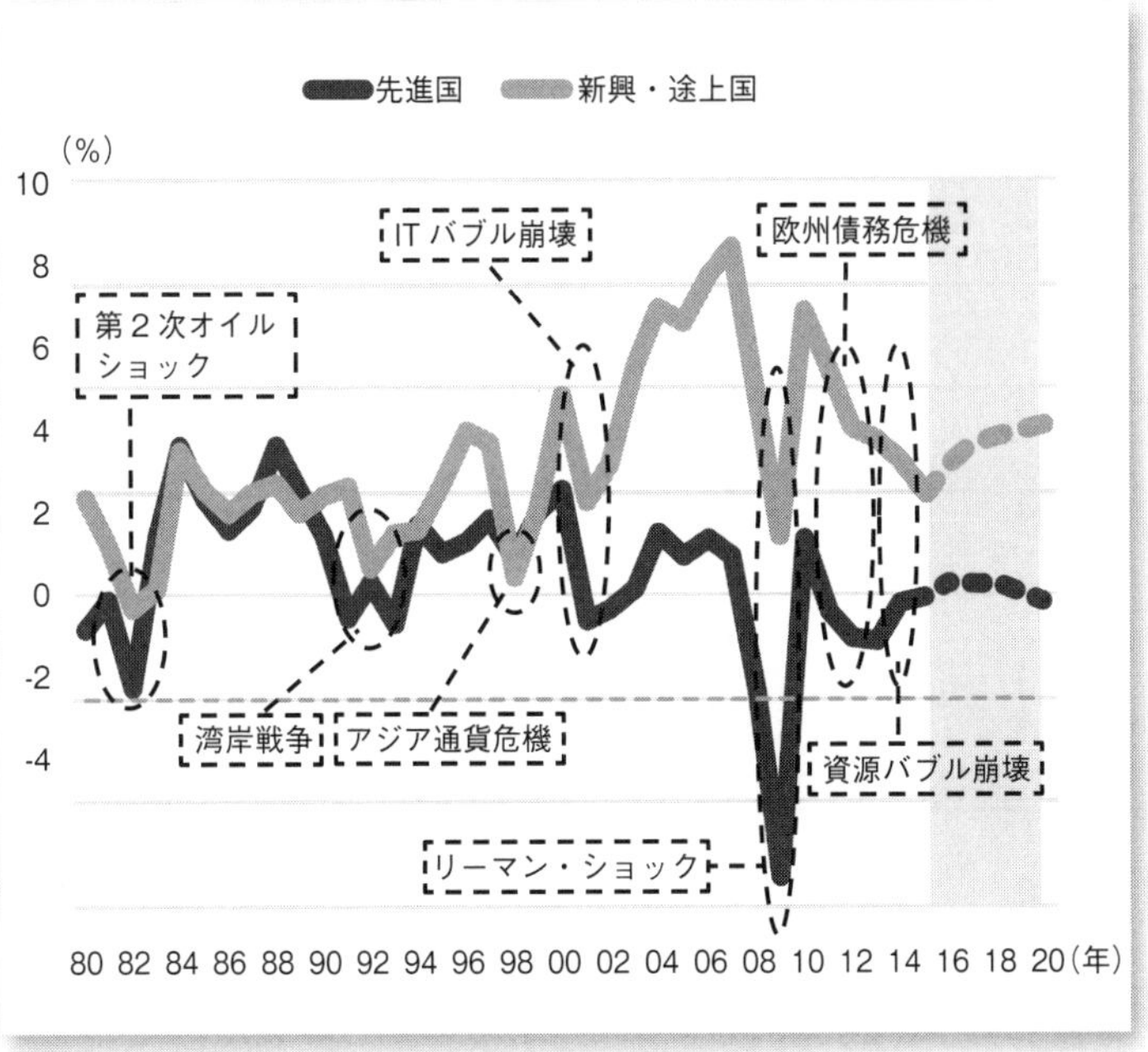

先進国経済は低成長、新興・途上国は減速することが予測される

※資料：資料：IMF『World Economic Outlook Database October 2015』
(https://www.imf.org/external/pubs/ft/weo/2015/02/weodata/index.aspx)
©BBT大学総合研究所

全体的に見ると、**世界全体の経済成長は鈍化**していると言えます。特に**新興・途上国の減速**が目立ちます。

図1―1は、先進国と新興・途上国の経済成長率の推移を、1980年からグラフ化して比較したものです。2000年前後から、新興・途上国の経済成長率が伸びはじめ、低迷する先進国の成長率との差が広がっていきました。両者は一時期非常に大きな差がありましたが、このところ新興・途上国の成長率も落ちてきて、先進国の低成長に近づいてきています。まだまだ新興・途上国のほうが高い成長率を持っていますが、両者の差が縮まってきたということです。

欧米は緩やかに回復、中国は減速、新興国は下振れリスク

次に主要国・地域別のGDP（国内総生産）成長率を2014年と2015年（見通し）で比較したグラフ（図1―2）を見てみましょう。

先進国・地域側を見ると、日本を除き、EU、アメリカなどの成長率は若干回復していることが分かります。

１－２　主要国・地域のGDP成長率

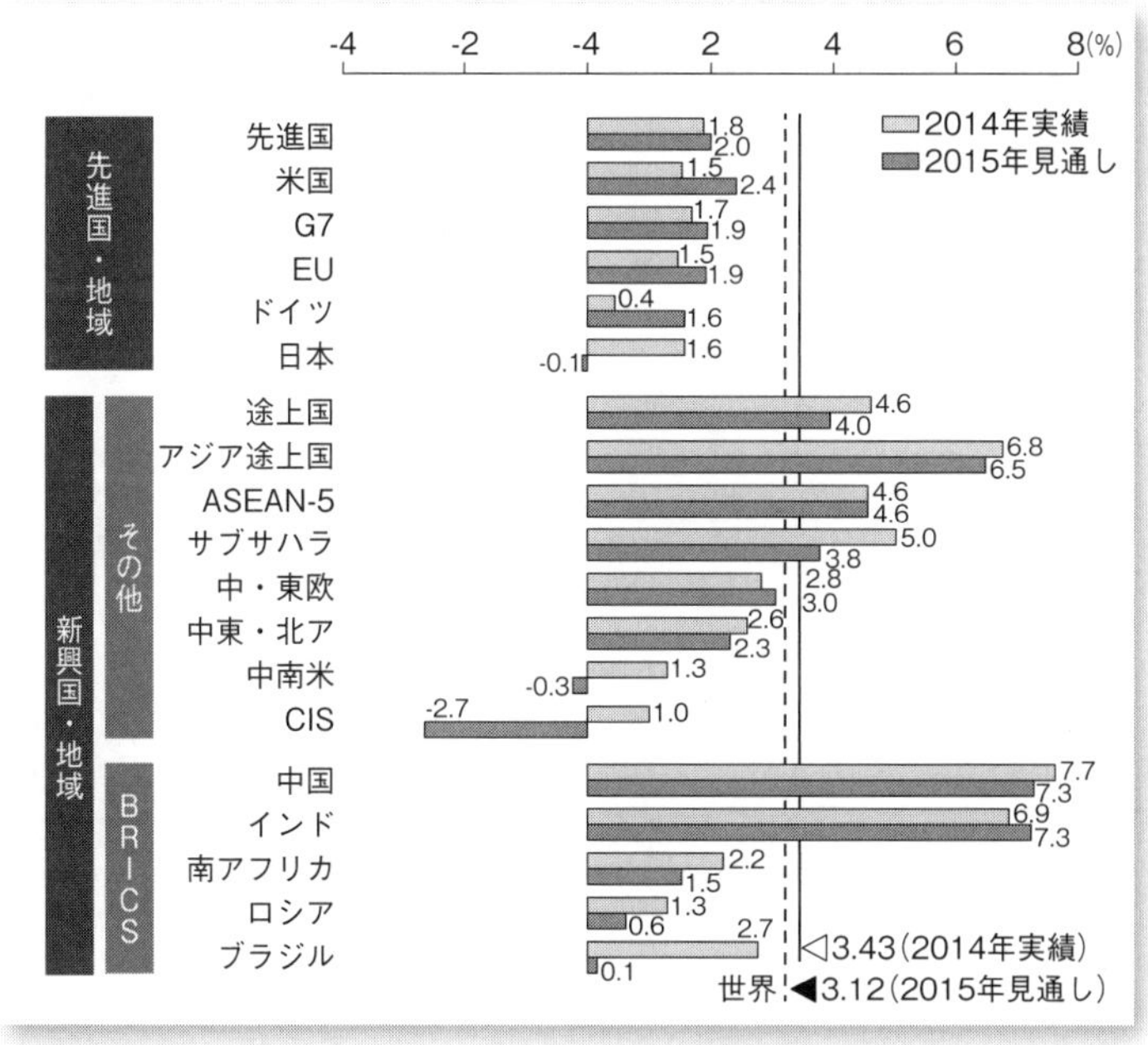

欧米は緩やかに回復、中国は減速基調、新興国には下振れリスク

※資料：IMF『World Economic Outlook Database October 2015』
(https://www.imf.org/external/pubs/ft/weo/2015/02/weodata/index.aspx)
©BBT大学総合研究所

一方、ＢＲＩＣＳはどうかというと、中国の成長率が２０１４年の７・７％から７・３％へと減速し、南アフリカ、ロシア、ブラジルも下落。インドだけが少し高くなっています。グラフでは、インドの２０１５年の成長率は中国と並ぶ７・３％となっていますが、実際は中国よりもインドの成長率のほうが高いでしょう。

中国は７％を維持していると言っていますが、実態はほぼゼロ、またはマイナスだと思われます。これまで官公需と貿易に依存してきた中国ですが、このところ輸出、輸入とも対前年比でマイナスに転じていることから見ても、中国経済の実態は思ったより悪く、７％などというのはあり得ない数字です。

ＢＲＩＣＳ以外の新興国・地域は、ＡＳＥＡＮ―５（インドネシア、マレーシア、フィリピン、タイ、ベトナム）は横ばい、中南米はマイナス。そして大きくマイナス側にへこんでいるのがＣＩＳ（独立国家共同体）で、これは原油安などが影響していると思われます。

02

【リスク①中国経済の減速】

中国の減速が3つのチャネルで世界に波及

中国経済の減速が新興国経済に不安をもたらす

では「世界の3大リスク」について解説していきましょう。

この章の冒頭で、今、世界経済は「中国経済の減速」「アメリカの利上げ」「地政学リスク」という3つのリスクを抱えていると指摘しました。まずは「中国経済の減速」についてお話しします。

中国は自国の経済成長率目標を7％前後に引き下げて、生産・投資主体の高成長経済から、**消費主導の経済「新常態」（ニューノーマル）に入った**と言っています。しかし、この新常態というものが本当に維持できるのかどうかはまったく分かりません。

中国経済の減速は皆さんが思っている以上に世界の経済にマイナスの影響を及ぼし、特に中国の貿易相手国や資源国が大きな影響を受けると予測されます。図1―3で「中国経済減速が新興国経済に与える不安の波及経路」を説明していますが、中国経済の減速は、**3つのチャネルを介してその影響が世界に波及**していくと考えられます。

中国の株価下落から世界的金融危機に？

まずは**「貿易」**。中国向けの輸出減少が景気を下押しして、対中依存度が高いアジアやアフリカが影響を受けると思われます。中国の貿易相手国は、どこも中国の10％成長を織り込んで自国の経済を成長させ、経済成長を謳歌してきましたから、その影響は大です。

１－３　中国経済減速が新興国経済に与える不安の波及経路

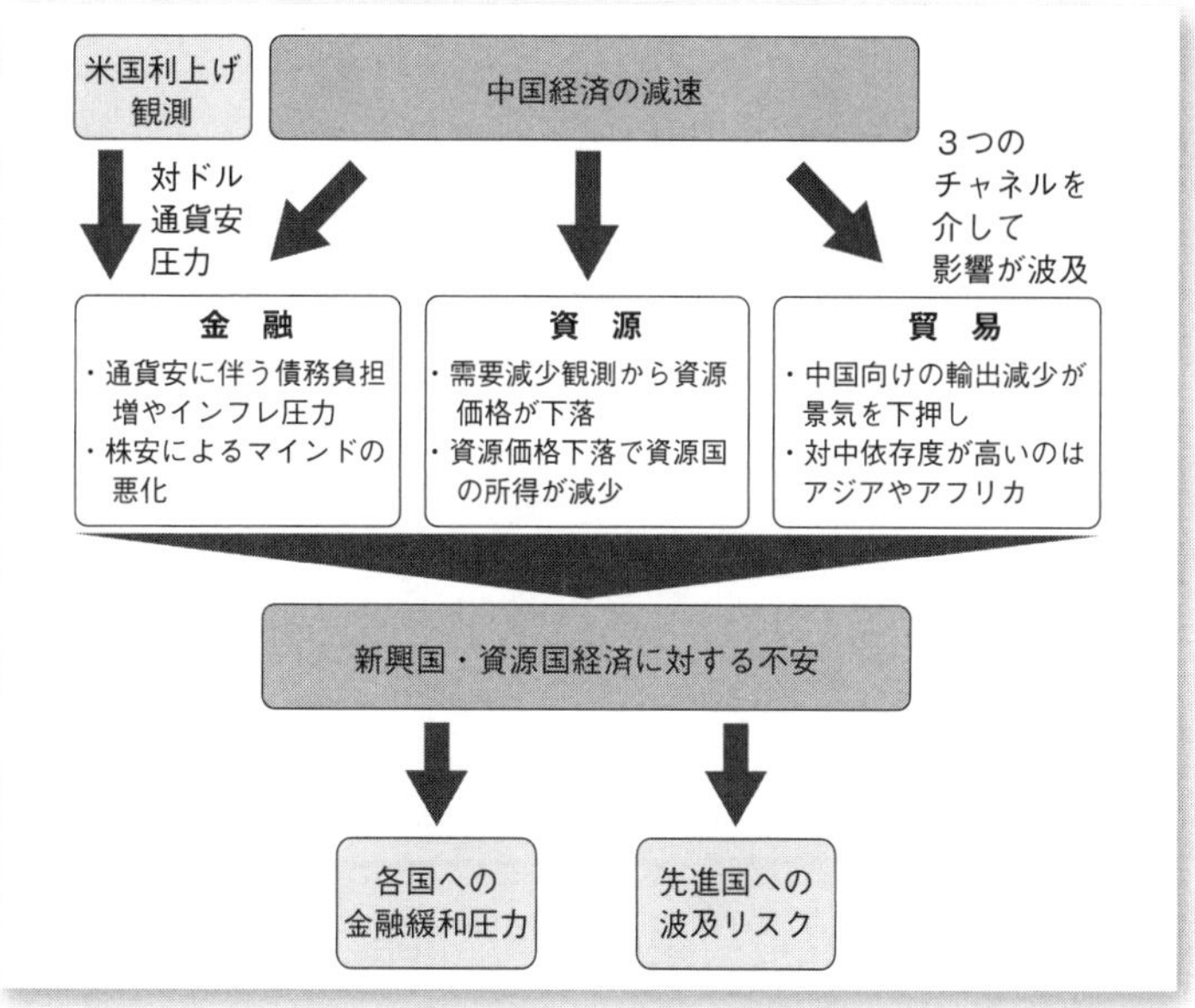

中国経済の減速が貿易、資源、金融を介して新興国・資源国経済に波及。各国への金融緩和圧力や先進国への波及リスクが懸念される

※資料：みずほ総合研究所『2015・16 年度 内外経済見通し』
(http://www.mizuho-ri.co.jp/publication/research/forecast/index.html)

それから**「資源」**。中国の資源需要が減少するという観測から、資源価格が下落し、その影響で資源国の所得が減少すると思われます。これまでは中国が爆買いしてくれていたのでよかったのですが、これからは鉄鉱石や石炭だけでなく、セメント、ニッケル、銅、モリブデン、マンガンなど、様々な資源の価格が激変し、世界経済に非常に大きく影響します。

中国は鉄鋼（粗鋼）の生産キャパシティが8億トンあります。日本が世界一の鉄鋼大国だったときのキャパシティは総量が1億6000万トンですから、優にその5倍程度です。しかし現在はおそらく8億トンの半分、4億トンしか需要がないと思います。4億トンが余ってしまい、これをダンピングされたら世界中の鉄工所がもちません。幸い、まだ露骨なダンピングは起きていませんが、イギリスなどは中国の鉄をかなり買っており、スコットランドにあった鉄工所が一つ、既に潰れています。

中国の鉄鋼生産施設はほとんどが国営ですから、操業を止めない可能性が高いと言えます。中国による過剰生産が止まらなかった場合、発生すると思われる海外ダンピングの危機をどう食い止めるか。この辺りが今後の非常に大きなテーマになるでしょう。

3つ目は**「金融」**です。中国経済の減速の影響で、通貨安に伴う債務負担増やインフレ圧力、株安によるマインドの悪化が懸念されます。

中国では、かつて不動産バブルがはじけたときに、政府に株で稼げと言われ、皆、不動産から株に切り替え、株にお金を突っ込みました。ところが今、株価が下がり、非常に不安定、危うい状況です。中国経済の減速が世界的な金融問題に派生する可能性は大きく、これまで中国に大量に食品などを輸出してきたブラジルをはじめ、ヨーロッパにとっても大きな不安材料になってくるでしょう。

このような新興国・資源国経済に対する不安が、各国への金融緩和圧力を引き起こし、さらには先進国への波及リスクが懸念されます。

03

【リスク①中国経済の減速】

中国の「第13次5カ年計画」は、すべて絵に描いた餅である

「美しい中国」の建設は程遠い

中国経済の問題についてもう少し具体的に見ていきましょう。

株価については人為的に維持されていますが、実際は企業の業績がよくなっていないので、これは長持ちしないと考えられます。

図1―4は中国の実質GDP成長率の推移ですが、年々下降しており、2015年の金融緩和（QE3）時点で数字の上では7％を切っています。

1－4　中国の経済指標

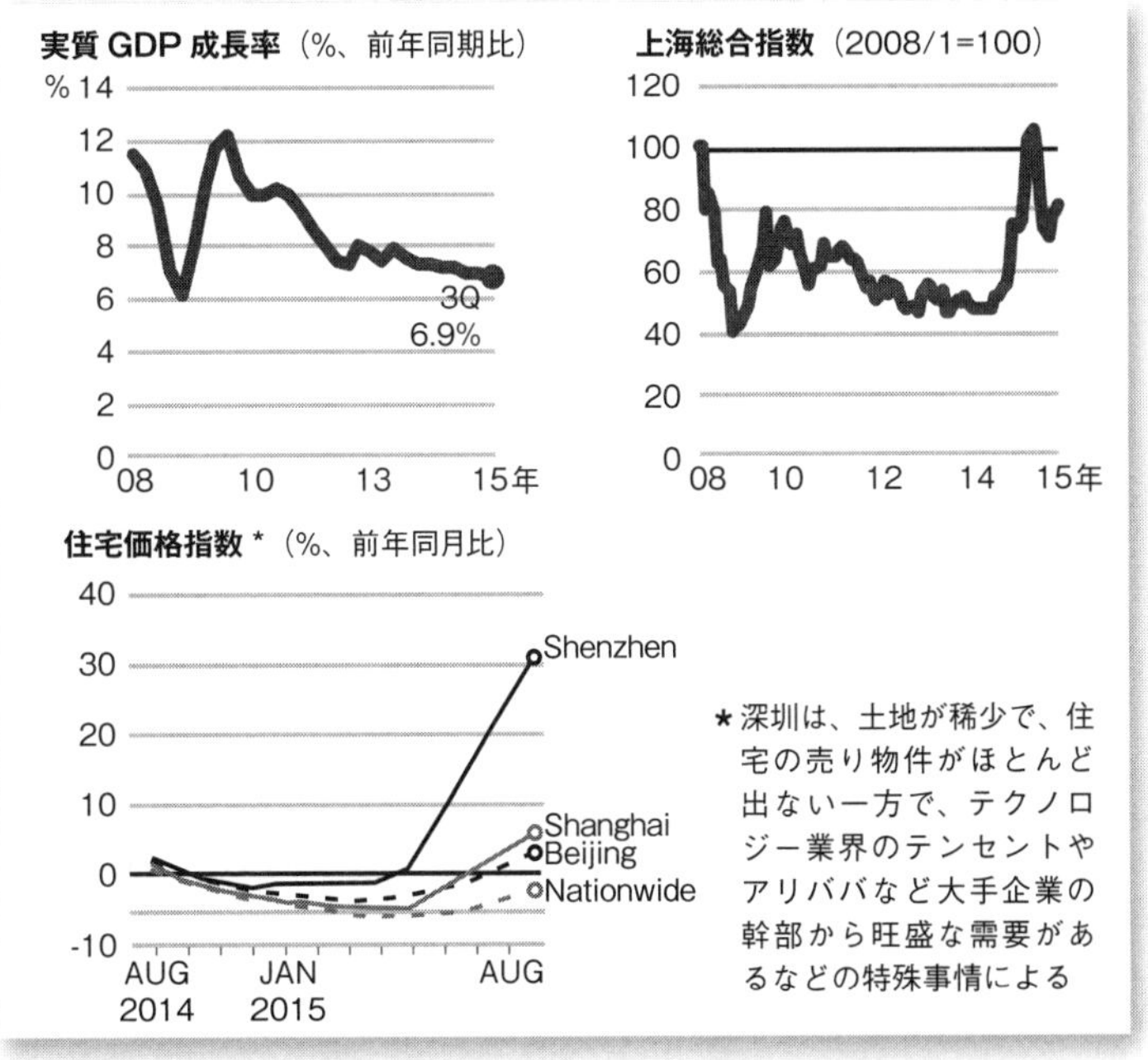

中国経済の経済鈍化が明らかとなり、今後の中国政府の舵取りは難しい

※資料：中国国家統計局（http://www.stats.gov.cn/）、日本経済新聞社『日本経済新聞』2015/10/19、JETRO（https://www.jetro.go.jp/）、ほか各種文献・記事より
©BBT大学総合研究所

住宅価格指数については、2015年に入ってから深圳の指数が急激に上昇しています。深圳は土地が稀少で住宅の売り物件はほとんど出ませんが、一方でテクノロジー業界のテンセントやアリババなど、大手企業の幹部からの旺盛な需要といった特殊事情があるためです。

いずれにせよ**中国経済全体の鈍化は明らか**で、今後の中国政府の舵取りが難しくなっていくでしょう。

図1―5に、中国の第13次5カ年計画（2016〜2020年）の主な内容をまとめています。

一番上に**「『中高速』の経済成長（年平均6・5％以上）を維持」**とありますが、先ほども述べたように実態はゼロかマイナスの可能性が高く、これはもう土台無理な話、絵に描いた餅と思われます。

政府は**「すべての夫婦に第2子まで出産を認める」**とも言っています。しかしある程度の収入がある人や富裕な人たちの中には第2子をもうけようと考えている人が多いものの、一般的な中国国民のメンタリティは「子供は一人で充分」という雰囲気で、

1－5 中国の第13次5カ年計画の主な内容
(2016～20年)

⇨「中高速」の経済成長
(年平均6.5%以上) を維持

⇨ すべての夫婦に
第2子まで出産を認める

⇨ 消費主導の経済、
技術革新や産業高度化を重視

⇨ 税財政や金融制度の改革を推進

⇨ 環境保護へ「美しい中国」建設

⇨ 一帯一路 (新シルクロード) 構想、
FTA戦略を推進

⇨ 2020年に10年比で所得と
経済規模を倍増

⇨ 農村の貧困層を
貧困から脱却、格差縮小

※資料：中国国家統計局 (http://www.stats.gov.cn/)、日本経済新聞社『日本経済新聞』2015/10/19、JETRO (https://www.jetro.go.jp/)、ほか各種文献・記事より
©BBT大学総合研究所

今以上に積極的に子供を産もうという気運は高まっておらず、意味のある施策とは言えません。

「消費主導の経済、技術革新や産業高度化を重視」というのは、消費主導の経済に移るということですが、現在の中国を見ていると、将来、アメリカや日本のように個人消費がＧＤＰの６割、７割というレベルまでいくかどうかは、はなはだ疑問です。

「環境保護へ『美しい中国』建設」という項目もありますが、中国の環境問題は重要な課題であり、今の中国の大気汚染、水質汚染は、日本で言うと１９６０年代後半と同じような、非常に深刻な状況です。

１９６８年に、東京の麹町、柳町の交差点で警察官がガスマスクを被って交通整理をしている写真が、アメリカの有名な写真週刊誌『ＬＩＦＥ』に掲載されました。すると、「日本は公害を垂れ流しにして、アメリカで製品を安く売っている」「公害対策に金をかけない日本はフェアでない」と言ってアメリカから叩かれました。日本は、これはまずいということで慌てて環境問題に取り組み、20年という長い歳月をかけて何とか環境改善をし、ようやく空気も川もきれいになったのです。

環境改善にはそれほど時間がかかるものです。ですから中国が環境改善に取り組んでも最低20年はかかるはずであり、5カ年計画でなどというのは到底無理な話です。しかし、環境改善については多くのノウハウを持っている日本ですから、これはこれで日本企業にとっては中国でそのノウハウを活かせる非常に大きなビジネスチャンスになるかもしれません。

新シルクロードが新たなテロを増幅する⁉

「一帯一路（新シルクロード）構想、FTA戦略を推進」という項目も挙がっています。一帯一路は、習近平主席が提唱した新しい経済圏構想で、陸と海の新シルクロードなどと言っていますが、これも実現に関しては疑問符がつきます。

2015年の10月、習近平主席がイギリスを公式訪問した際に、「一帯一路の最終点はイギリスです。中国とイギリスの関係を修復しましょう」などと言って、イギリスと中国がいかにこの道で強固に結ばれるか、イギリスを持ち上げて演説しました。

しかし、シルクロードがイギリスまで延びるというのは、いくらなんでもおかしな話です。いつシルクロードがイギリスまで行ったのでしょうか。習近平は行くところ全部に「あなたたちも一帯一路に含まれています」とリップサービスをしていますが、実際はこの一帯一路が何なのか、その実態については誰も分かっていません。

この新シルクロードには新疆《しんきょう》ウイグル自治区も含まれていますが、中国政府は新疆ウイグル問題をどうするつもりなのでしょうか。経済紛争だけでなく、新疆ウイグル問題も中国にとって非常に深刻な問題です。

新疆ウイグル自治区周辺はイスラム教徒が多い地域ですが、現在、ＩＳ（イスラム国）に訓練されているウイグル族は約１０００人いると言われています。２０１５年の11月にも、新疆ウイグル自治区で28人のテロリストが警察当局に射殺されるという事件が起こりました。一帯一路の影響で、中国国内にウイグルのイスラム系テロリストが入り込み、現在のヨーロッパのように、国内の出身者が国外の過激派組織に共鳴して自国で起こす「ホームグロウンテロ」を生み出すリスクが増加します。

現在、中国にとって最大の民族問題はウイグルとチベットですが、チベット問題は中国にとってはまだ生易しい問題です。チベット人の多くは仏教徒ですからあまり過激な行動を起こしませんが、ウイグルの場合は過激な暴動やテロを起こします。

一帯一路はそうしたリスクと表裏一体であり、中国にとって本当にメリットがあるものなのかは非常に疑問です。

「2020年に10年比で所得と経済規模を倍増」と、かつての池田勇人首相のようなことを言っていますが、中国の今の状況を見るとまず無理な話です。

最後に**「農村の貧困層を貧困から脱却、格差縮小」**とあります。

中国は40年間、農村から貧困をなくすと言っていますが、今も約7億の人が貧しいまま、農村戸籍で身動きできない状況から抜け出せずにいます。そして、先に豊かになった人、中金持ちになった人たちは必死で今の状態に留まろうとしています。農村の貧困層を貧困から脱却させ、格差を縮小し、皆がハッピーという状況の実現は難しいのではないでしょうか。

04

【リスク①中国経済の減速】

うまくいくはずのないＡＩＩＢに群がる愚かな国々

ＡＩＩＢに隠された中国の思惑

中国の経済問題を語る上で外せないのがＡＩＩＢ（アジアインフラ投資銀行）です。ＡＩＩＢ設立の主目的は、表向きには「ＡＤＢ（アジア開発銀行）では賄いきれない、増大するアジアにおけるインフラ整備のための資金ニーズに代替・補完的に応える」、つまりアジアの経済発展を支援することとなっています。しかし実際には、ＡＩＩＢは中国にとっての巨大なインフラ投資マシーン、公共投資マシーンです。

１－６　AIIBの概要

正式名称	アジアインフラ投資銀行 (Asian Infrastructure Investment Bank)
参 加 国	57カ国が参加、 2015 年末発足
資 本 金	1,000億ドル
本　　部	中国北京市
事務総長	金立群 （中国の元財政次官）
設立目的	ADBでは賄いきれない増大するアジアにおけるインフラストラクチャー整備のための資金ニーズに代替・補完的に応える

※資料 : 大前研一 他『文藝春秋オピニオン 2016 年の論点 100』2015、AIIB (http://www.aiib.org/)
©BBT 大学総合研究所

中国の思惑は、減速する国内市場に代わって海外で新たに中国企業の仕事を生み出すこと。なぜなら、この先、中国国内で新たに開発するものがないからです。何とか**他の国の資金で中国の事業機会を増やそう**というのが、ＡＩＩＢの真の目的なのです。

ご存じのように中国は新幹線もどきの高速鉄道を10年間で2万8000キロも作りました。1964年の東京オリンピック以降、日本が新幹線をひたすら作り続け、それでも1万キロにも達していないのにすでに2万8000キロを完成させ、もうこれ以上は必要がない。高速道路もこれ以上はいらない、という状況です。したがって、これからはよその国に事業機会を求めるしかない、と考えているのです。

結論から言うと、ＡＩＩＢはうまくいくとは思えず、**日本はＡＩＩＢに参加すべきではありません**。57カ国が参加しましたが、おそらく何もおこぼれはないと思います。主な理由は「儲からない」「リスクが高い」「中国の国内事情が優先する」「57カ国ではまとまらない」「プロジェクトの評価能力に疑問がある」などです。

海外の公共工事は基本的に儲かりません。日本の大手ゼネコンなど、海外のインフ

1－7　AIIBについて日本の対抗策

AIIB に参加すべきでない理由

① 儲からない
② リスクが高い
③ 国内事情が優先する
④ 個別日本企業にはチャンスもある
⑤ 57 カ国ではまとまらない
⑥プロジェクトの評価能力に疑問

↓

日本の対抗策

・AIIBに参加するのは愚の骨頂
・日本が米国とともに最大の出資国であり、財務省が総裁を送り込んで主導している ADBを強化し、AIIBに対抗していくべき
・案件ごとにぶつかり、プロジェクトによっては共同ファイナンスになる
・参加する企業もADB側とAIIB側で仕事を折半するという話になる

AIIBの設立は、減速する国内市場に代わり、海外で中国企業の仕事を創出することが主目的。日本はAIIBには参加せずADBで対抗していくべき

※資料：大前研一 他『文藝春秋オピニオン 2016 年の論点 100』2015、AIIB (http://www.aiib.org/)
©BBT 大学総合研究所

ラ事業を手掛けたところは全部赤字です。かつて熊谷組も香港の地下鉄やトルコのボスポラス海峡の架橋など、いろいろ手掛けましたが、結局赤字であり、現在、日本の企業はODA（政府開発援助）が付く事業だけ請け負うという状況になっています。それほど**公共事業は儲からない**のです。

あたかも一大事業チャンスだと思ってしがみついた57カ国は、一言で言えば愚かです。海外のインフラ事業ほど難しいものはありません。ヨーロッパ諸国がAIIBに群がるのは勝手ですが、お金だけ絞りとられてリターンはないと思うべきでしょう。

日本の新幹線計画を横取りした中国

中国は儲かるだろうと考えて海外インフラ事業を推進していくつもりなのでしょうが、中国には海外でインフラ事業を成功させる知恵がありません。なぜなら、中国は海外でインフラプロジェクトをやったことがありませんし、プロジェクトのプランニングから実行に至るまでの経験を持った、いわゆるプロジェクトマネージャーと言われる人材もいないからです。

中国は日本の新幹線技術導入の提案を覆し、インドネシアでの高速鉄道計画を受注しましたが、あれは日本が3年かけて行った調査結果などを、インドネシア政府の人間が中国側から賄賂をもらって全部渡してしまったからです。中国は3年間で完成させるなどと言って、かなり乱暴なやり方で建設を進めていくようですが、彼らはフィジビリティ・スタディ（実行可能性調査）もしたことがありませんし、まともに工事をやろうとは思っていません。アフリカでも高速鉄道事業を推進していますが、この先どうなるか分からない。インドネシアでも調子のいいことを言って始めてみたものの、プロジェクトが途中で止まってしまう可能性は高いと思います。

したがって日本はＡＩＩＢに参加せず、日本とアメリカが最大の出資国であり、財務省が総裁を送り込んで主導している**ＡＤＢ（アジア開発銀行）**中心に今まで通りのやり方で活動し、**ＡＤＢを強化してＡＩＩＢに対抗する**のが一番いい方法です。

05

【リスク②アメリカの利上げ】

アメリカの一極繁栄がもたらす世界不安

還流マネーが世界の金融市場を荒らし回る

2つ目のリスクは「アメリカの利上げ」です。

アメリカの経済は比較的好調です。GDP成長率はアップダウンを繰り返していますが、失業率は5％まで下がり、月々の新規雇用（非農業部門雇用者数）が20万人を超えています（図1―8、9）。これで利上げの条件をすべて満たしたわけです。

アメリカは金融緩和（QE3）を終了してついに政策金利を上げることを決定しま

1－8　米国の実質 GDP 成長率

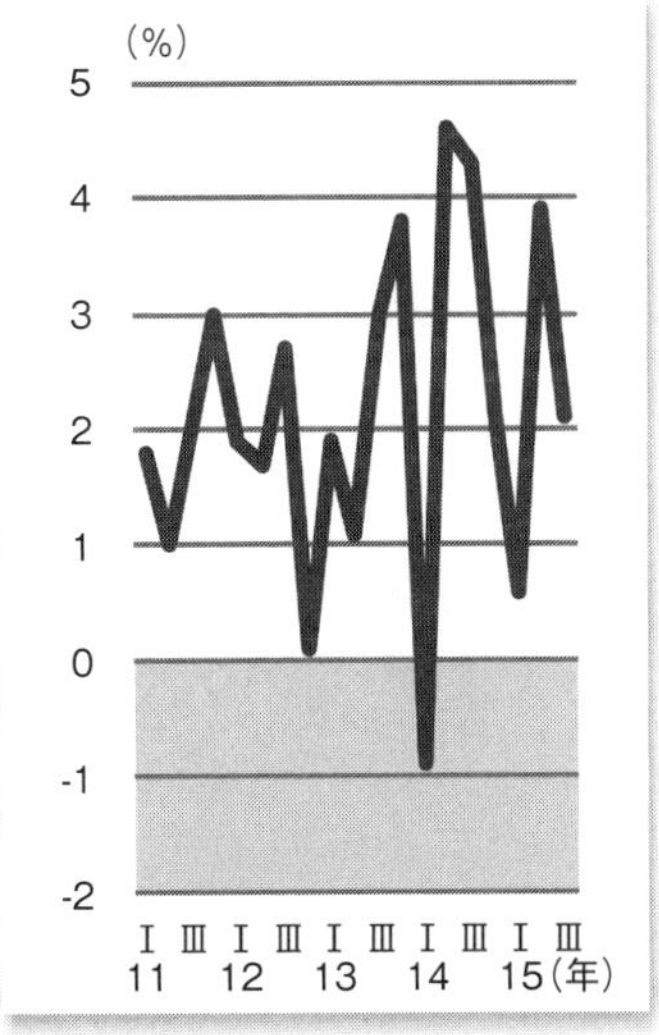

1－9　非農業部門雇用者数＊と失業率

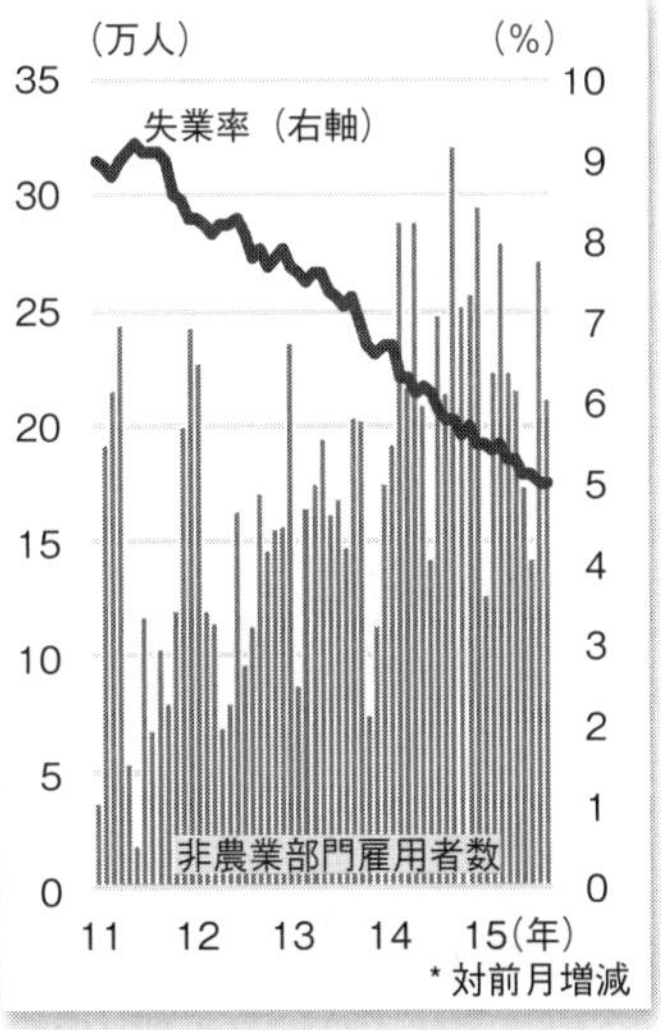

米国経済は回復、利上げを開始したが、米国が一極繁栄するだけで世界経済を潤すことはなく、世界にどのような影響を与えるのか大きな不安定要因になる

※資料：U.S. Department of Commerce (https://www.commerce.gov/)、
U.S. Bureau of Labor Statistics (http://www.bls.gov/)、
プレジデントオンライン『大前研一の日本のカラクリ』(http://president.jp/category/column19)

したが、**２０１６年末頃にはＦＲＢ（連邦準備制度理事会）の金利は０・75％くらい**になっていると思われます。アメリカの利上げの結果、これから先、世界のお金はアメリカに吸い取られていくはずです。日本やヨーロッパはまだ金利を上げられる状況にありませんので、必然的にアメリカにグッと金が寄ってくると見てよいでしょう。

そうなるとアメリカが一極繁栄するだけで世界経済を潤すことはなく、世界経済にとってプラスなことはあまりありません。むしろ世界にどのような影響を与えるか分からない、という大きな不安定要因となるでしょう。

これはクリントン政権の末期と同じで、インフレが怖いと言って金利を上げていくと世界中のお金がアメリカに集まります。皆、お金を他の国に置いておくよりアメリカに移したほうがいいと考えるからです。すると株価が上がり、不動産価格も上がりますので、しばらくの間、世界中の緩和マネーがアメリカに還流するでしょう。とはいえ、アメリカでの投資機会はあまりありませんので、いずれ新興国や他の国や地域に戻っていくとは思いますが、しばらくはこの傾向が続くことになります。

これは新興国にとっては非常に大きな問題です。一時、全世界の金が新興国に集まるというＢＲＩＣＳブームがありました。ＢＲＩＣＳ以外にもＮＥＸＴ11（ネクストイレブン／イラン、インドネシア、エジプト、トルコ、ナイジェリア、パキスタン、バングラデシュ、フィリピン、ベトナム、メキシコ、韓国）などに金が流れた時代です。これからは逆に**新興国側から金が出ていく**という時代に入ります。

アメリカの利上げ後の世界経済への影響としては、まず、「高金利を求めて世界中からアメリカに金が流れ込み、ドルはますます高くなる。それに対して他国通貨は弱含みになり、インフレや景気減速の要因になりかねない」ということが一つ。そして「アメリカに戻ってきた金も有効な投資先がないので、結局、投機マネーとして還流して世界の金融市場を荒らし回る恐れがある」。さらに「世界を駆動しないアメリカの一極繁栄が何をもたらすのか、ヨーロッパ、日本、新興国にどのような影響を与えるのかがまったくの未知数である」ということです。

異常とも言える日本の金融緩和

ここでもう少し世界の金融動向を見ておきましょう。

２００８年の世界金融危機の後、先進国を中心とした各国中央銀行は、非伝統的な手段も用いて大規模な金融緩和を実施してきました。

アメリカが金融緩和から引き締めへと向かっている中、世界の金融動向はどうなっているのか？　まず図１―10の「主要国の政策金利の推移」を見てみましょう。

このグラフを見ると、イギリスのＢＯＥを除き、アメリカのＦＲＢ、ヨーロッパのＥＣＢ、日銀の政策金利はゼロ％に張り付いていることが分かります。

中央銀行総資産の対ＧＤＰ比を示した図１―11のグラフを見ると、量的緩和を継続して2％のインフレ目標達成を２０１６年後半に延長した日本は、日銀の総資産の対ＧＤＰ比が80％に近づこうとしています。

アメリカはリーマン・ショックの後、ＱＥ１、ＱＥ２、ＱＥ３と金融緩和を行いま

1－10　主要国の政策金利の推移

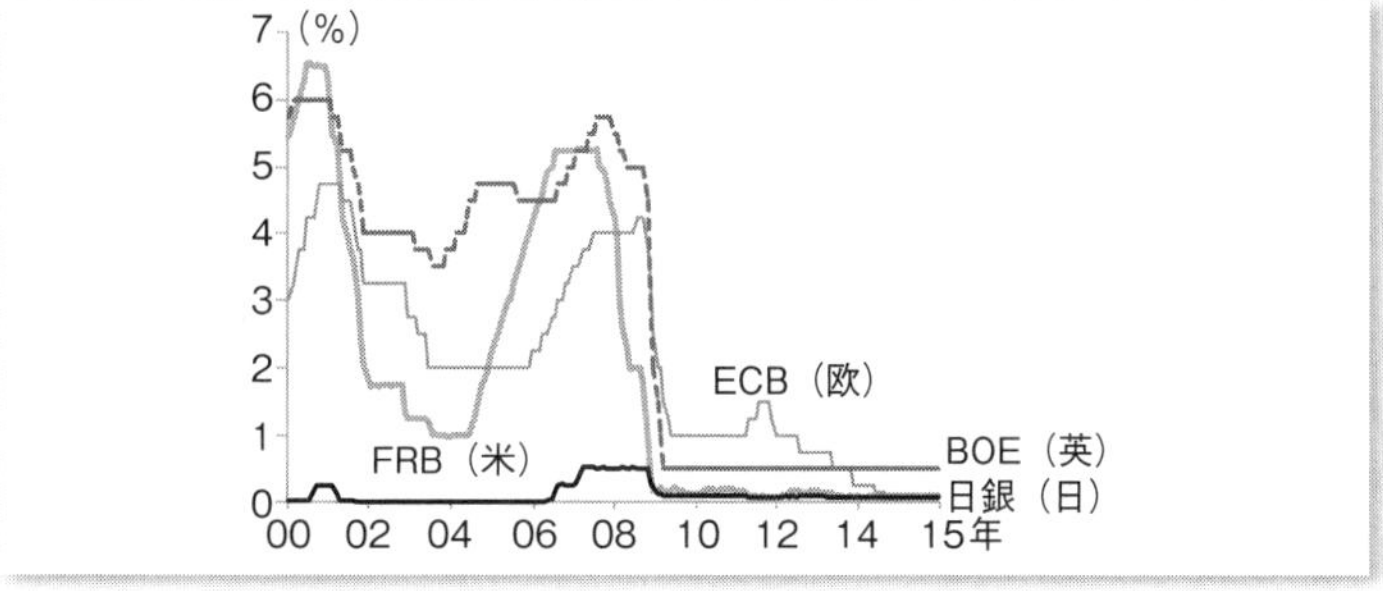

1－11　中央銀行総資産の対 GDP 比＊（2015年11月時点）

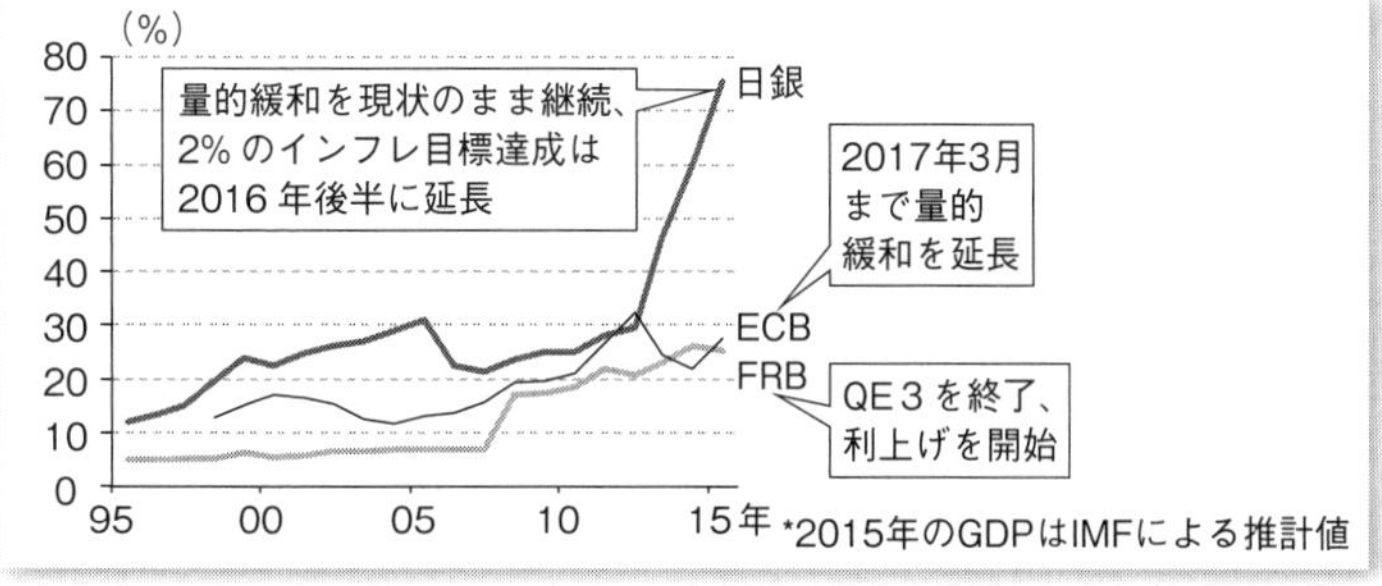

＊2015年のGDPはIMFによる推計値

2008年の世界金融危機後、先進国を中心とした各国中央銀行は非伝統的な手段等も用いて、大規模な金融緩和を実施してきたが、米国は金融緩和から引き締めへと向かっている

※資料：FRB『Intended federal funds rate』(https://apps.newyorkfed.org/markets/autorates/fed%20funds)、ECB『Key ECB interest rates』(https://www.ecb.europa.eu/stats/monetary/rates/html/index.en.html)、日本銀行『主要金融市況（無担保コール・オーバーナイト）』(https://www.boj.or.jp/statistics/market/short/mutan/index.htm/)、BOE『Official Bank rate History』(http://www.bankofengland.co.uk/boeapps/iadb/Repo.asp?Travel=NIxRPx)
©BBT 大学総合研究所

したが、アメリカFRB総資産の対GDP比は30％にも到達していません。**日本がいかにGDPの割に突出した金融緩和をやったか**ということであり、これはもう**異常な状況**と言ってもいいでしょう。

独裁的指導者の時代

今、金利を上げる力を持っている国はアメリカしかありません。日本はアメリカのように金融緩和をやめて金利を上げるということはできないと思います。もし利上げすれば、ゼロ金利に慣れている日本の経済は相当きついことになります。

日銀が「マイナス金利政策」導入を開始しましたが、これまでゼロ金利政策を推し進めてきたにもかかわらず国内銀行の預金は増え続け、貸し出しはまったく増えてきませんでした。

また、今一番国債を持っているのは日銀です。万が一、国債の暴落などが起これば、中央銀行がひっくり返る可能性もあります。こういう状況を英語ではインプロージョン、爆発と言います。

もし**日本が利上げを行えば日銀そのものが国債の急落からインプロージョンを起こすという危険性が非常に高い**のです。日銀の黒田総裁は最近やっとそれが分かったらしく、安倍首相とはだいぶ意見が異なってきています。ただ安倍首相に逆らうことはできず、何も言えない。黒田総裁だけでなく、誰も安倍首相に逆らえないという状況です。

日本だけでなく、世界は今、独裁的な指導者が増えています。ドイツではメルケル首相。ロシアはプーチン大統領。中国は習近平主席ですが、彼は従来の総書記とは違ってかなり怖がられています。韓国のパク・クネ大統領も、国会議員でさえ物言えば唇寒しという状況ですが、こうして見ると皆似たような傾向があります。ただオバマ大統領だけが国内と世界を全体的にバランスよく見渡しながら、まあ、もはやレイムダックで任期満了を控えて影響力が弱まっているから仕方ないな、とやや弱気な姿勢です。

06

【リスク②アメリカの利上げ】

大陸から逃げ出す巨額のチャイナマネー

アメリカへの資金回帰に拍車がかかる

図1―12は、アメリカの対外証券投資の状況をグラフ化したものです。グラフの上方向がアメリカへの資金回帰、下方向がアメリカからの資金流出です。これを見ると、2014年から15年にかけて、アメリカへの資金回帰が起こっていることが分かります。新興国に一時ドッと流れた金がアメリカに戻ってきている状況ですが、先ほど述べたように今回の利上げによってさらにアメリカへの還流に拍車がか

1－12　米国の対外証券投資

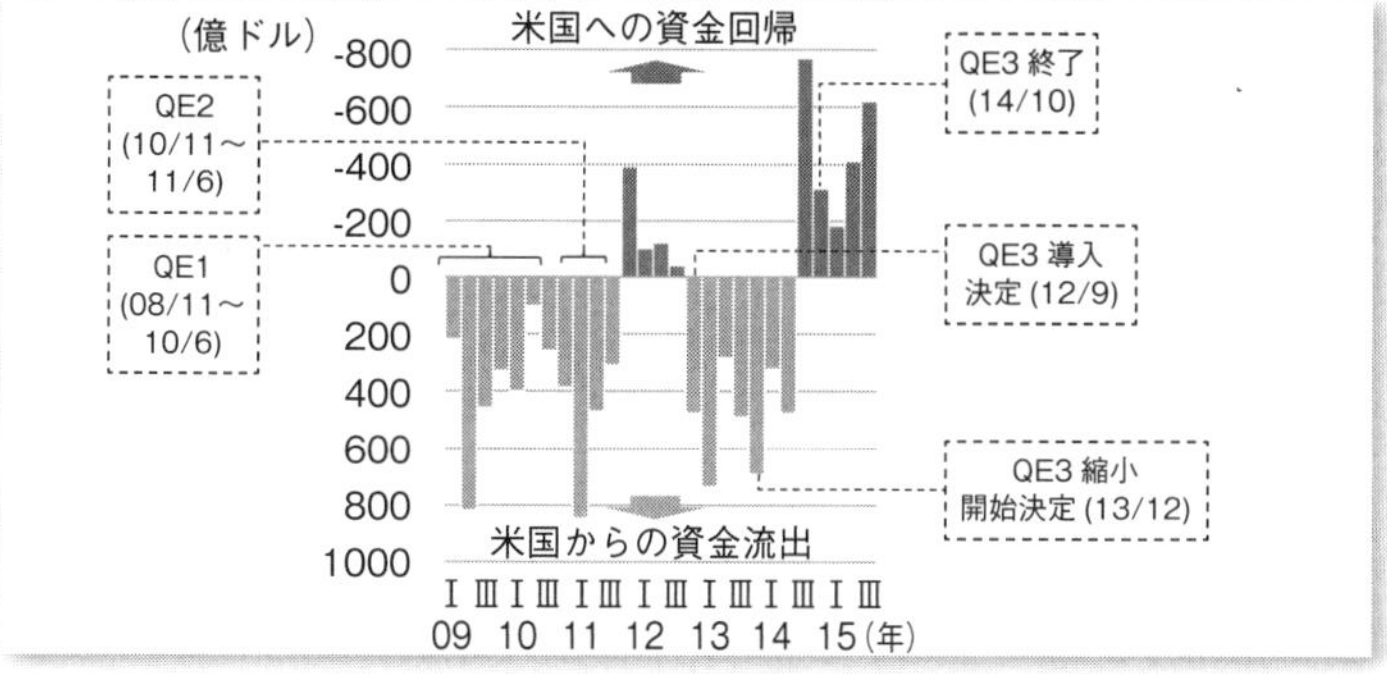

1－13　主な新興国の資本流出入の状況（2015年予想）

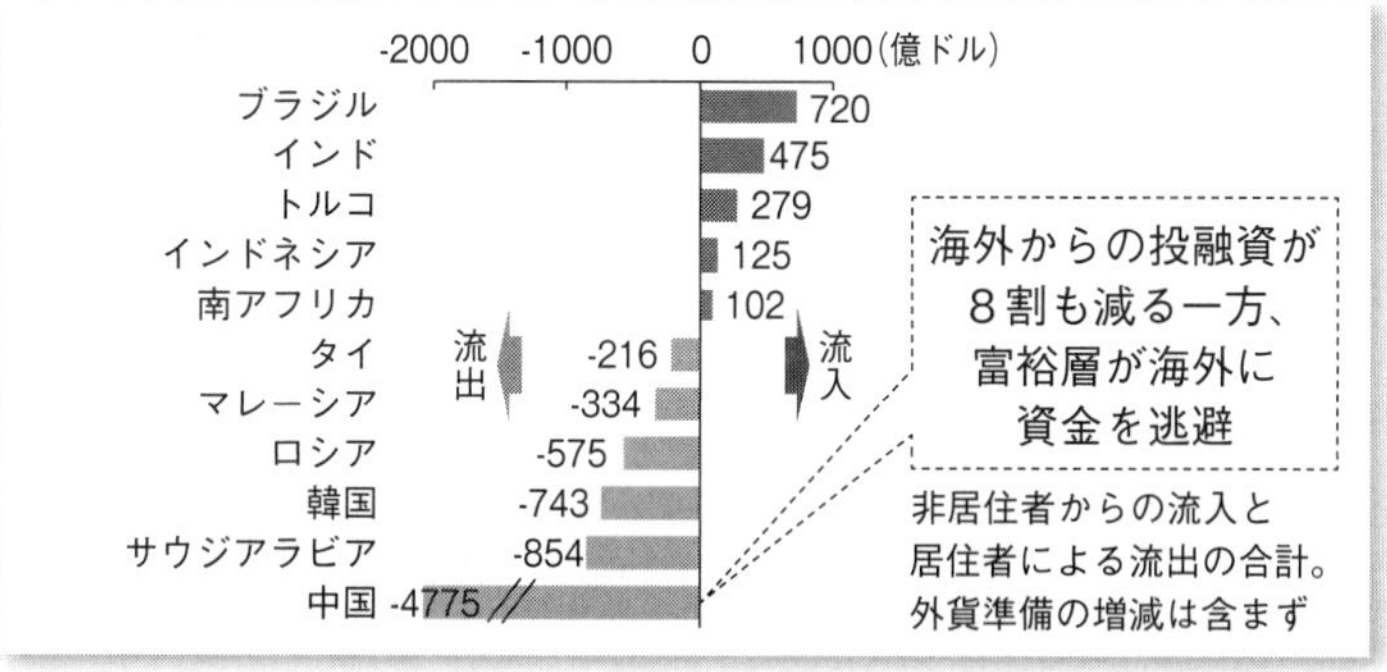

米国経済の回復と利上げにより緩和マネーが米国に還流しており、減速する新興国経済へのマイナスの影響が懸念される

※資料：図1－12　日本経済新聞社『日本経済新聞』2015/12/3、
U.S. Department of the Treasury (https://www.treasury.gov/Pages/default.aspx)
図1－13　日本経済新聞社『日本経済新聞』2015/10/18

かるということです。
図1―13を見ても、ブラジル、インド、トルコ、インドネシア、南アフリカが資本流入、タイ、マレーシア、ロシア、韓国、サウジアラビア、中国が資本流出です。

注目すべきは、やはり中国で、桁違いに巨額のお金が逃げ出している状況です。中国では、個人は年間150万円までしか金を持ち出せませんから、この巨大な額のお金は違法に持ち出されたものです。香港に闇ブローカーがいて、中国から海外へのお金の持ち出しを手伝っています。8兆円の国外持ち出しを斡旋した人間が100人ほど捕まりましたが、富裕層の間ではお金を海外に逃避させようという風潮がかなりの勢いで高まっており、金融機関の大物などが次々に逮捕されています。
中国政府と非常に仲のよかった香港の華僑連合会の会長・李嘉誠《りかしん》でさえも、今は中国に資金を置いていてもチャンスがないということで、資金を海外に出そうとして中国政府に睨まれています。今両者の関係は非常にピリピリとしているのですが、今の中国は、共産党ゴチゴチの中国と最もうまくやってきた李嘉誠でさえ資金を海外に持ち出したい状況になっているのです。

07

【リスク②アメリカの利上げ】

「オリンピック景気」という幻想は捨てよ

南ア、ブラジル、ロシア経済は土砂降り

BRICSの経済動向にも目を向けてみましょう。

図1―14は、BRICSの実質GDP成長率の推移を示したグラフです。BRICSブームは5年で終わってしまいましたが、**インドだけは2014年にモディ首相になってから調子がよく**、中国のGDP成長率を上回り、BRICSの中で唯一、気を吐いているという状況です。ただインドは民主主義国なので、選挙のたびに改革を進

めすぎた政府を脅すという圧力がかかります。今後どうなるか予断は許しませんが、今のところモディ首相の改革はうまくいっているようです。かつては一歩前進・二歩後退という感じでやってきたインドですが、これからしばらくは、おそらく二歩前進・一歩後退を繰り返して成長していくのではないかと思います。

あとの国は、天気マークで表せば中国が晴れのち曇、南アフリカ、ブラジル、ロシアはいずれも雨、土砂降りという感じです。2016年にオリンピックを控えているブラジルは、前ルーラ大統領のときは一時期非常に調子がよかった。しかし今、ブラジルの景気は完全に失速してしまいました。**オリンピックは景気回復に結びつかない**ということです。

停滞、不安拡大するブラジル経済

日本の経済人の中には「日本もオリンピックまでは景気が何とかもつでしょう」などと呑気なことを言っている人がいますが、もつわけがありません。オリンピックの

1−14　BRICSの実質GDP成長率と経済状況
（対前年、2015年以降は予測）

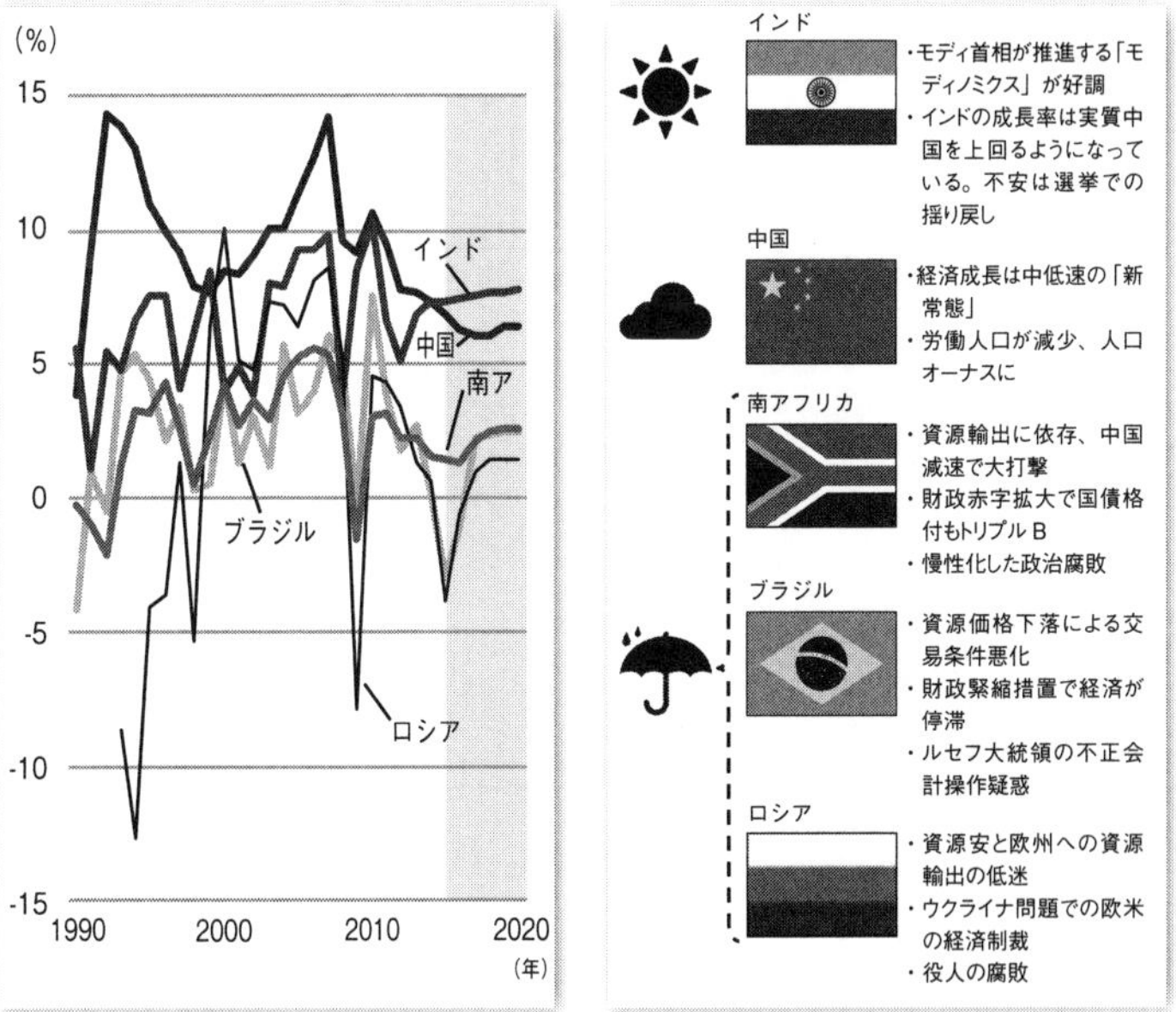
(%)
15
10
5
0
-5
-10
-15
1990
2000
2010
2020
(年)
インド
中国
南ア
ブラジル
ロシア
インド
・モディ首相が推進する「モディノミクス」が好調
・インドの成長率は実質中国を上回るようになっている。不安は選挙での揺り戻し
中国
・経済成長は中低速の「新常態」
・労働人口が減少、人口オーナスに
南アフリカ
・資源輸出に依存、中国減速で大打撃
・財政赤字拡大で国債格付もトリプルB
・慢性化した政治腐敗
ブラジル
・資源価格下落による交易条件悪化
・財政緊縮措置で経済が停滞
・ルセフ大統領の不正会計操作疑惑
ロシア
・資源安と欧州への資源輸出の低迷
・ウクライナ問題での欧米の経済制裁
・役人の腐敗

BRICSに明暗。インドはただいま好調、中国はピークアウト、ブラジル・ロシア・南アは脱落

※資料：IMF『World Economic Outlook Database October 2015』
(https://www.imf.org/external/pubs/ft/weo/2015/02/weodata/index.aspx)、
外務省 (http://www.mofa.go.jp/mofaj/)、ほか各種文献・記事より
©BBT 大学総合研究所

影響で景気がよくなったなどという例はないのです。もちろん途上国日本が１９６４年にオリンピックを開催したときは非常に景気がよくなりましたが、先進国になればなるほど、オリンピックのたった2週間のためにそんなに金を使うわけにはいかないよね、ということになります。オリンピックは、開催が決まってから実際に開催されるまで7年かかります。ロサンゼルスのときもロンドンのときも、オリンピックの開催が決まった年と開催された年は、アメリカもイギリスも若干景気はよくなりました。しかし間の5年間は何の影響もありませんでした。

ですから皆さんも、よもやオリンピックまでは何とかなるとは思わないようにしてください。オリンピック景気を信じるのは「鰯の頭も信心から」ではありませんが、まったく意味のないことです。

話を本題に戻すと、ブラジルは資源価格の下落による交易条件の悪化や、財政緊縮措置で経済が停滞しているだけでなく、ルセフ大統領の不正会計操作疑惑が大きな問題となっています。しかもその汚職の金というのが数百億円という半端ではない金額で、弾劾裁判にかけられる見込みです。今後、ルセフ大統領が政権を維持できるかどうかという不安があります。これはブラジルにとってかなりシリアスな問題です。

深刻な新興国の債務問題

図1―15は、主な通貨の対ドル為替レートです。

アメリカにお金が集まり、資金が還流している結果として、対ドル為替レートはすべての国でマイナス、ドル高です。つまりここにあるすべての通貨はドルに対して価値を失っているということです。ロシア、ブラジルは特に大きく下がっており、マイナスのほうのチャンピオンです。日本円もドルに対しては弱含みです。

今まで何十年か見ていて、必ずドルに対して高くなる通貨というのがありました。例えばスイスフランや日本円、ドイツマルクなどです。ところが今回は**すべての通貨がドルに対して安くなっている**。やはりそれだけ**アメリカの金利上昇に対する期待が強い**と思われます。

私は毎年、その年の世界経済の流れを見ながら次の年の経済状況を予測しますが、

1－15　主な通貨の対ドル為替レート
（2014年10月=100、2015年11月末時点）

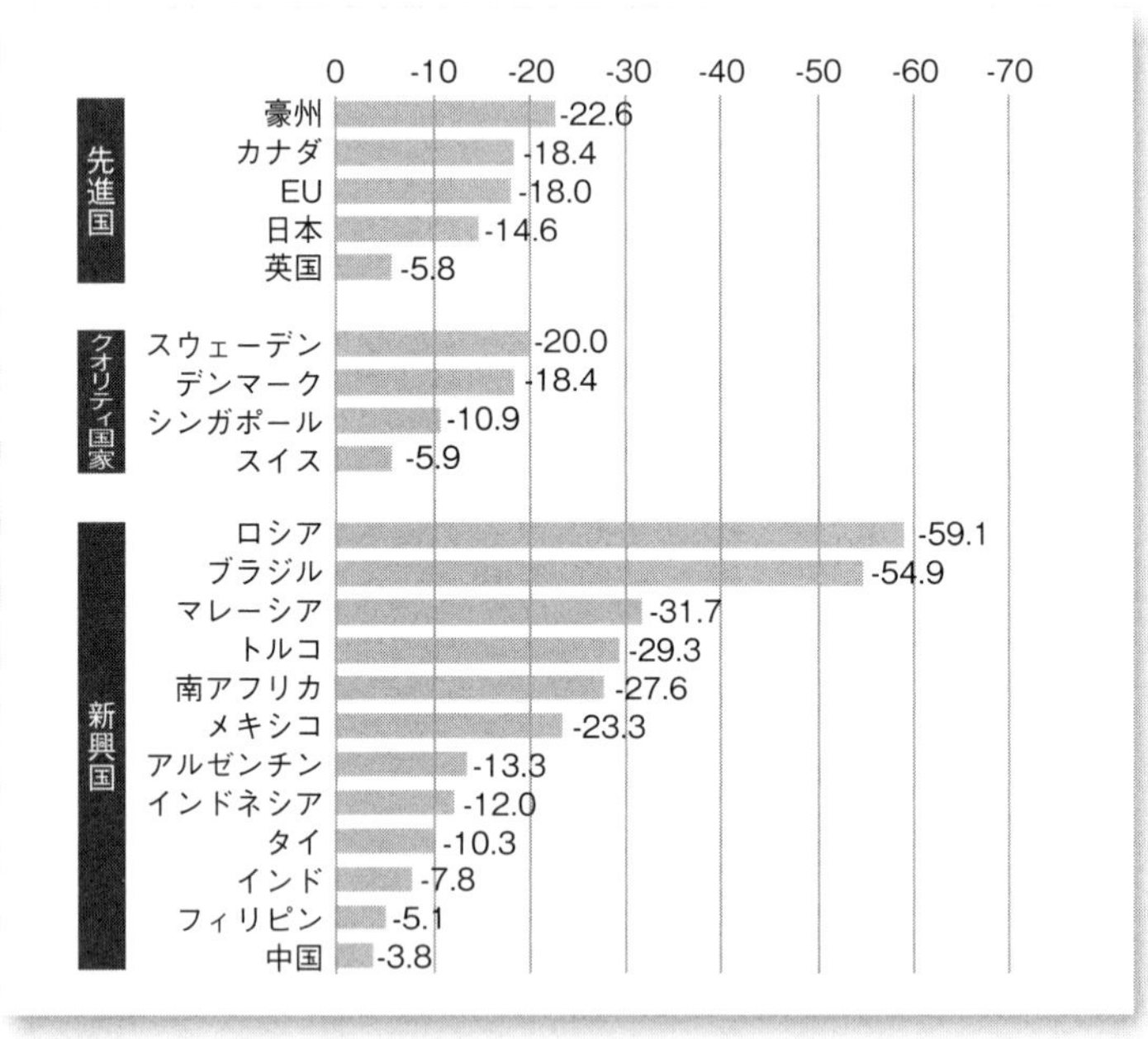

2014年10月のQE3終了以降、対ドル為替レートはドルの独歩高が続いている

※資料：OANDA (http://www.oanda.jp/)
©BBT大学総合研究所

過去10年くらいの世界経済の流れを把握しておくことも重要です。

図１―16は、２００７年以降の世界的バランスシート調整の概念図です。２０００年代から現在までのバランスシート調整は、３つの局面に分けられます。

まず２００７年～２００８年の第1局面。先進国の債務問題が起こりました。これは２０００年代の欧米における住宅ブームのツケです。この時期には、アメリカの住宅バブルの崩壊とサブプライム問題、そしてリーマン・ショックとグローバル金融危機が発生しています。

２００９年～２０１２年の第2局面は、先進国の財政問題の時期です。サブプライム問題以降の財政拡大による先進国の財政悪化、それからＥＵ統合以降の対外収支の悪化が起こりました。またギリシャ危機も発生。同時にポルトガル、スペイン、イタリアまで危ないと言われましたが、ヨーロッパ全体がギリシャを救うという方針を決め、ポルトガル、スペインは難を逃れて今改善の途上にあります。

またアメリカの場合は債務上限問題、国債の格下げなど深刻な状況に陥りました。

２０１５年以降の第３局面では新興国の債務問題が深刻になってくるでしょう。中国の構造調整（新常態）、それから下振れリスク、新興国経済の調整リスク、資源安と非常に難しい局面に来ています。今までずっと調子がよかった資源国はこれから大変です。原油の値段は１バレル35ドルくらいになっており、実際にこれで黒字を取れるところはサウジアラビアしかありません。ところがサウジアラビアは１バレル60～70ドルでの収入を前提に無駄遣いしていますので、今のレベルでは国家財政は完全に赤字であり、しばらくはこの状況が続くでしょう。

このように、今後は**新興国も生き残るところと、成長を維持できない**ところに分かれていくことでしょう。

１－16　世界的バランスシート調整の概念図

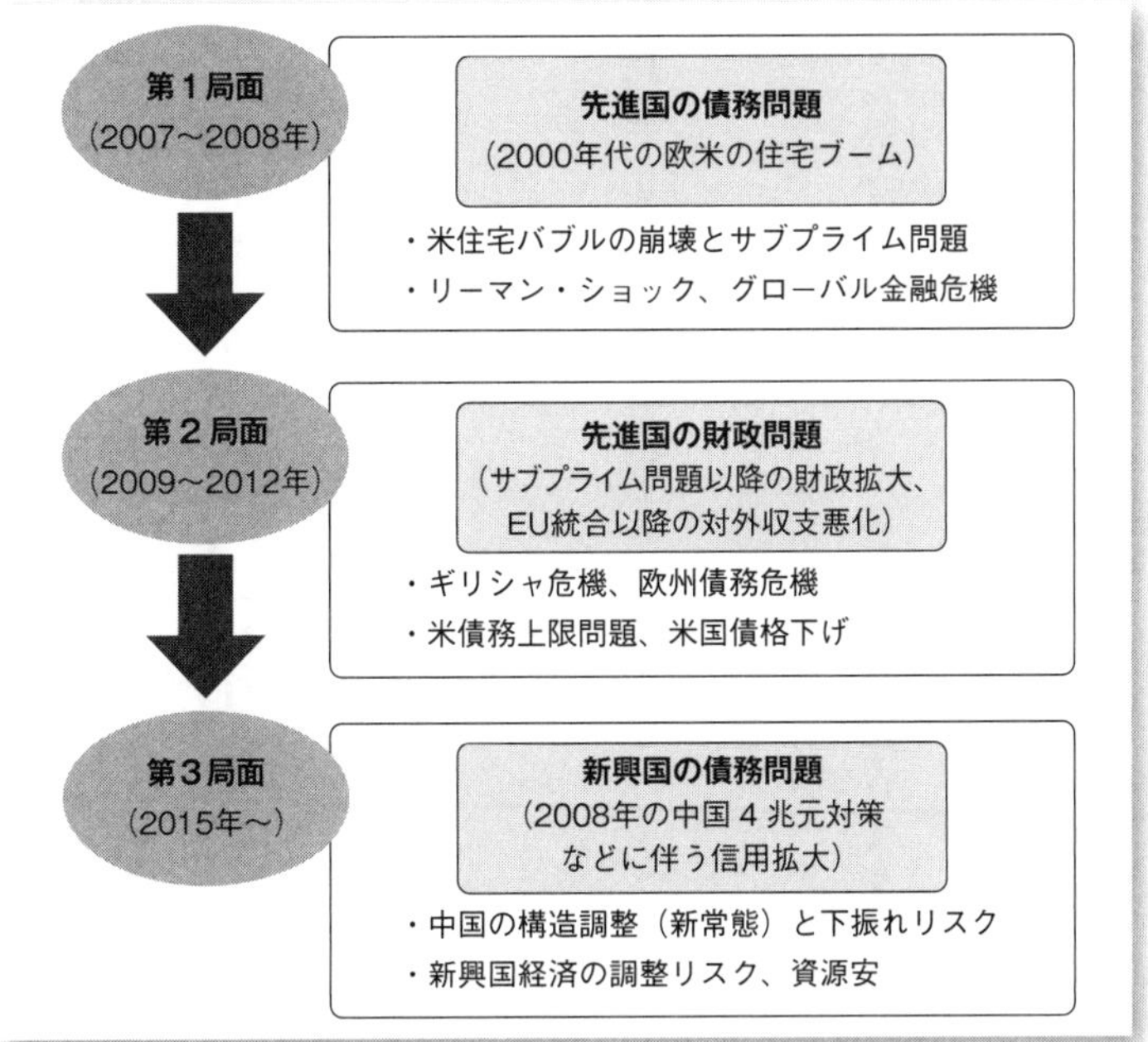
第１局面
（2007～2008年）
先進国の債務問題
（2000年代の欧米の住宅ブーム）
・米住宅バブルの崩壊とサブプライム問題
・リーマン・ショック、グローバル金融危機
第２局面
（2009～2012年）
先進国の財政問題
（サブプライム問題以降の財政拡大、
EU統合以降の対外収支悪化）
・ギリシャ危機、欧州債務危機
・米債務上限問題、米国債格下げ
第３局面
（2015年～）
新興国の債務問題
（2008年の中国４兆元対策
などに伴う信用拡大）
・中国の構造調整（新常態）と下振れリスク
・新興国経済の調整リスク、資源安

2000年代以降の世界的バランスシート調整は、「新興国の債務問題」に移っている

※資料：みずほ総合研究所『2015・16年度 内外経済見通し』
(http://www.mizuho-ri.co.jp/publication/research/forecast/index.html)

08

【リスク③地政学リスク】

荒稼ぎするＩＳとテロの拡大、ロシア軍事作戦公開の思惑

「石油、闇売買、身代金」荒稼ぎするＩＳ

世界の３大リスク、その３つ目が「地政学リスク」です。
図1―17でも分かるように、今、**世界の地政学リスク**というのはいたるところに存在しますが、最も注目すべきなのが、「中東でイスラム国（ＩＳ）の勢力拡大、シリア空爆」「フランス等、ヨーロッパ各地で頻発するテロ事件」「トルコ・ロシア爆撃機撃墜問題」「難民問題とゆれるＥＵ統合」です。特にＩＳを中心としたリスクが急速

に世界のいたるところに拡散しています。

ＩＳには国境がありませんが、以前からムハンマドの後継者「カリフ」を名乗っていたバグダディが砂漠に国家を作ってしまいました。支配地域では大体20％の税金を徴収。それから占領した地域の油田、精製所で精製した石油をシリアやトルコに安く売って金を稼いでいます。偶像破壊と言って、貴重な遺跡や美術品の破壊などを派手にやっていますが、実際は金目になるものはすべて闇マーケットで売っているそうで、この収益も数十億円あると言われています。それらの収益を全部足すと、ＩＳの年間収益は５００〜６００億円に達するのではないかと言われています。

また人質を取り、身代金を払わないと処刑する、という残忍なことをやっています。アメリカとイギリスは脅しに屈しないと言って身代金を出しませんが、他のヨーロッパ諸国は皆、出してしまいます。この身代金だけでも年間40〜50億円になっています。

こうした莫大な収入が続く限り、彼らは**擬似政府**を維持することができます。ネットを駆使して世界的なネットワークを構築しているので、世界中どこにでも指示を出し、テロを起こすことが可能です。しばらくこの**ＩＳのリスクが続く**はずです。

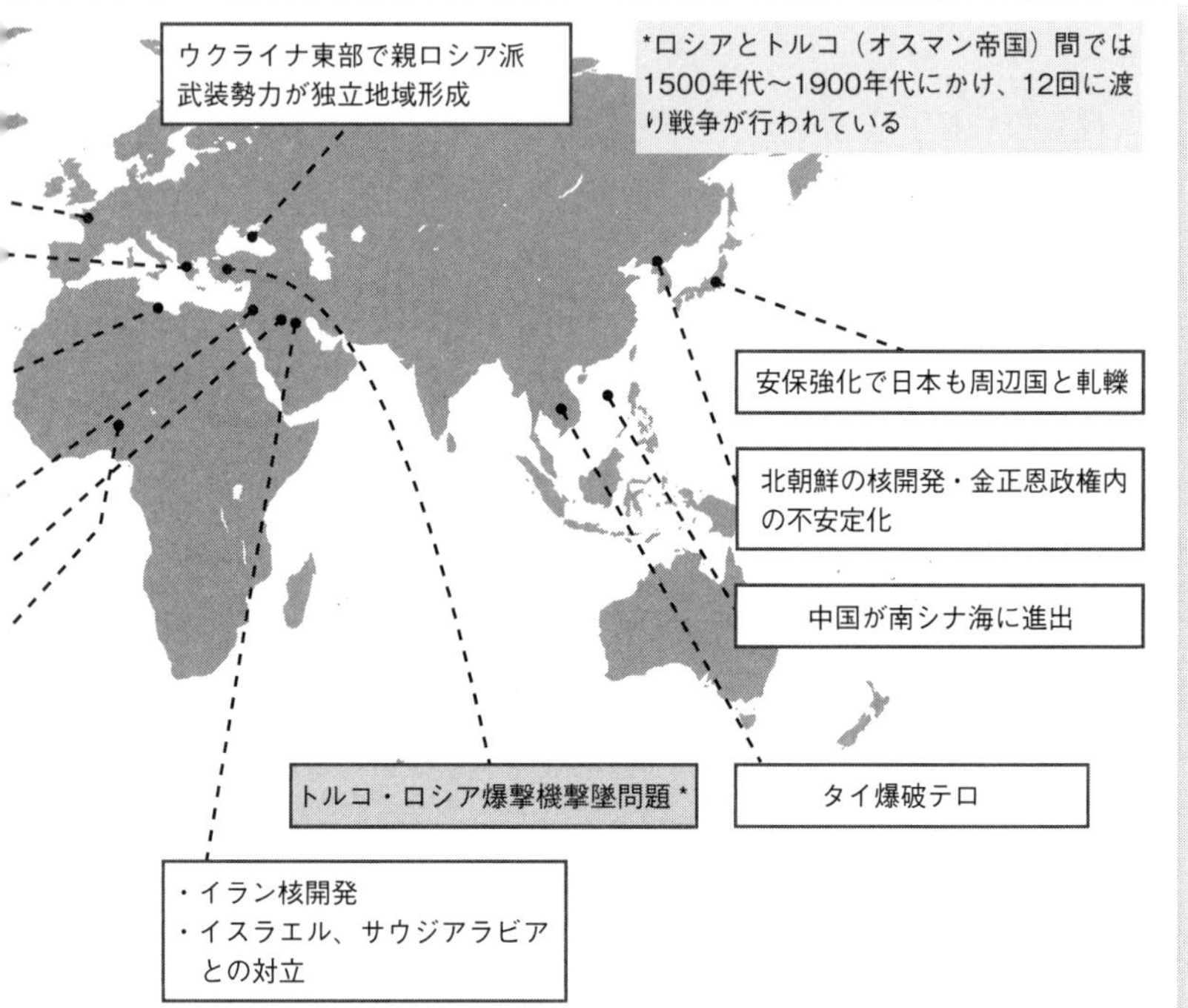

※資料：日本経済新聞社『日経ヴェリタス』2015/7/26、ほか各種文献・記事より
©BBT 大学総合研究所

1－17　世界の地政学リスク

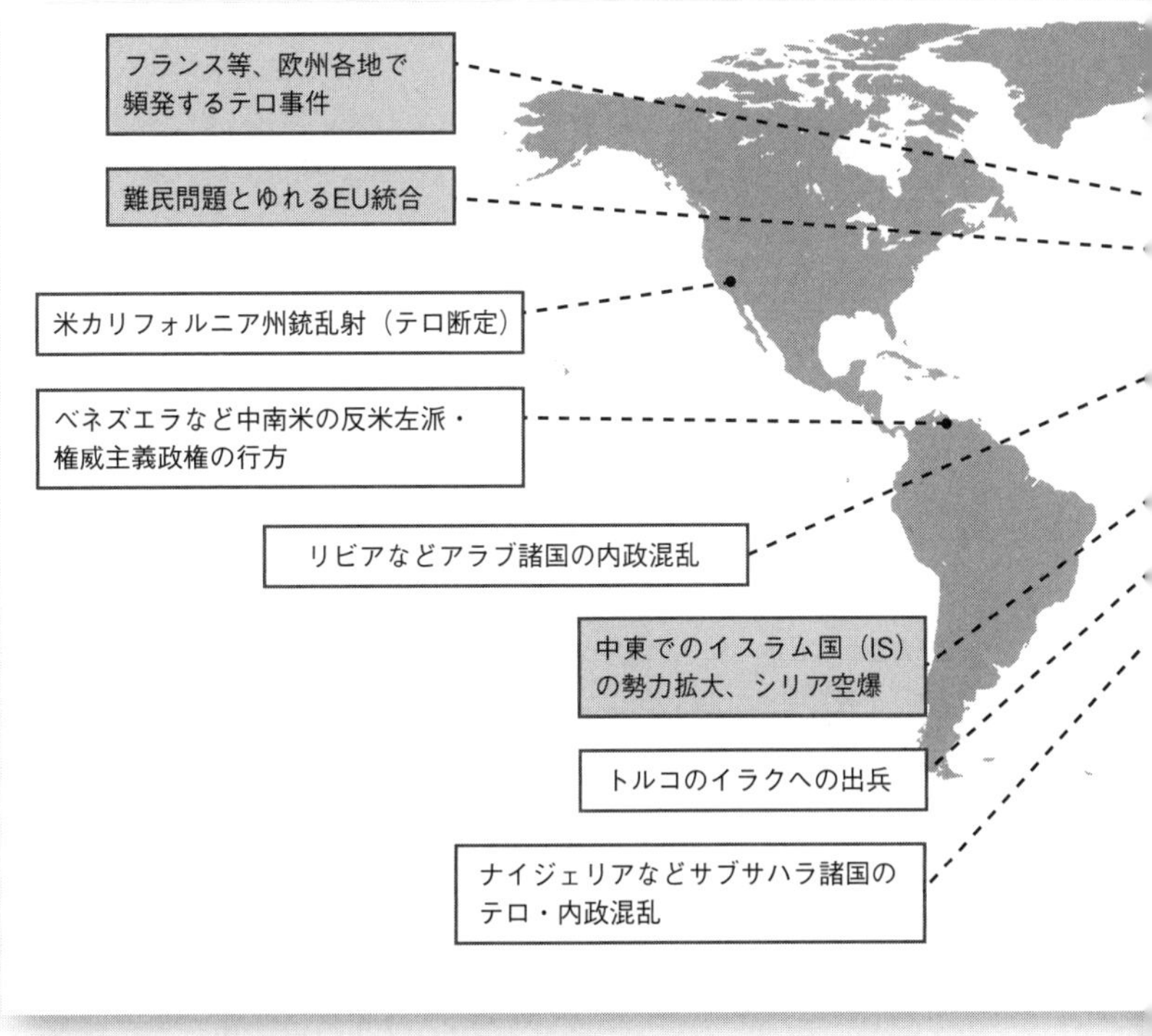
フランス等、欧州各地で頻発するテロ事件
難民問題とゆれるEU統合
米カリフォルニア州銃乱射（テロ断定）
ベネズエラなど中南米の反米左派・権威主義政権の行方
リビアなどアラブ諸国の内政混乱
中東でのイスラム国（IS）の勢力拡大、シリア空爆
トルコのイラクへの出兵
ナイジェリアなどサブサハラ諸国のテロ・内政混乱

ISテロ、洪水などの気候変動が都市生活者に大きな影響を与えるようになった。にもかかわらず、世界はバラバラな状態

恐るべきロシアの長距離ミサイルの威力

2015年は、ISを攻撃するためだと言って、ロシアがシリア空爆を開始しました。さらにカスピ海の潜水艦から巡航ミサイルを撃って、1500キロ以上先のISの拠点を正確に潰しています。わざわざテレビ局などメディアを集めて、このミサイルは今からどこに飛ぶかと説明し、その通りに攻撃しているところを大画面に映して見せている。これにはアメリカも真っ青です。ロシアがシリア攻撃を始めたときには、たいしたことはないだろうと思っていたアメリカですが、始まってみるとアメリカの攻撃よりも長距離精密攻撃能力において精度が高いことが分かったのです。

ロシアのミサイルは非常に高い命中度を誇っており、まっすぐ飛ぶだけではなく、地上の地形などをコンピュータで分析しながら飛んで行きます。この辺りは北朝鮮のミサイルなどとは異なります。**ロシアの長射程精密誘導兵器の能力**は、西側諸国に非常に大きなインパクトを与えており、私もロシアの攻撃を見ていて、こんな兵器をいつの間に開発したんだと思ったくらい見事です。

アメリカのほうは秘密裏に軍事作戦を展開していますが、ロシアはこうして情報を非常にオープンにしています。ロシアの兵器レベルのすごさを、アメリカはじめ世界に誇示しているのです。アメリカは、あんなことをサンフランシスコの沖でやられたらたまらないということで、ロシアに対して歩み寄りを見せています。ケリー国務長官がロシアに行って、ＩＳへの攻撃はお互いに協力し合って一緒にやりましょうと弱腰で交渉するはめになりました。もう少し手を取り合っていきましょうということです。ロシアはアメリカから久しく聞けなかった言葉を聞けて、プーチン大統領も、「じゃあ早く制裁を解除してくれよ」と言っているのです。今回のことで、**ロシアの周辺諸国**は「やっぱりロシアを怒らすとまずい」と**地政学的な脅威**を感じているはずです。

２０１６年、世界のテロの流れはこうなる

ＩＳは空爆された報復として世界の大都市に狙いを定めてテロ攻撃を展開しています。民衆を混乱に巻き込んで中東への空爆をやめさせようと考えているのです。２０

15年はパリでの同時テロが世界中に衝撃を与えましたが、テロの脅威はヨーロッパだけに留まりません。2015年12月にはアメリカでもカリフォルニアのサンバーナディーノという街で、ISを支持するテロリストによって14人が射殺されるという事件が起こりました。こうしたテロ事件が世界中で起こる可能性があるのです。

今後どこが狙われるのかと言うと、アメリカ、ヨーロッパが最大の標的になります。同時に**世界中にいるアメリカ人、ヨーロッパ人が狙われる危険性**があります。

さらにここにきてシリア攻撃を始めたロシア、ロシア人が危なくなってきます。ロシア人は冬になると3つの国に行きます。エジプト、トルコ、タイです。これらの国はロシア人に対してビザを要求していない、もしくは渡航の手続きが非常に簡単です。トルコなどは年間に400万人のロシア人が出かけて行きます。

ロシア人が行くところへは近づくな!

したがってISは今、この3国にも狙いを定めています。

既に2015年11月、エジプト・シナイ半島でロシアの旅客機墜落が起こっており、ISの傘下組織が犯行声明を出しています。未だ事故かテロなのか判然としていませんが、あれはISの人間がケータリング会社のスタッフに化けて機内の食料品の中に5キロ爆弾という小さい爆弾を入れて犯行におよんだのだ、という噂もあります。いずれにせよこの事件の影響で、ロシア人はエジプトに行けなくなりました。

それからトルコ。アンタルヤ、ボドルム、イズミルなどを中心にもともとロシア人に人気の国ですが、トルコの戦闘機によるロシア爆撃機の撃墜事件が発生し、国交断絶の状態が続いています。そのためロシアからのトルコ渡航は禁止になり、今ロシア人はトルコへも行けません。ISからすると、トルコとロシアが都合よくけんかを始めてくれて、ざまあみろという感じでしょう。

タイもロシア人がたくさん訪れる場所です。ある情報筋によると、先日ISのテロリスト10名がタイに潜り込んだということですが、これはタイに行くロシア人を狙っているわけです。タイが本当に危ないかどうかは分かりませんが、皆さんもしばらくは**タイへ行くときは気をつけたほうがいい**かもしれません。特にロシア人が好んで行く場所、ビーチなどは避けたほうがいいと思います。

09

【リスク③地政学リスク】

難民流入で迷走するヨーロッパはどこへ向かうのか？

因縁の対決、ロシア・トルコ間に不測の事態発生？

トルコとロシアの関係が非常に緊張しています。この2つの国の戦いは今に始まったことではなく、オスマン帝国時代の１５００年代から１９００年代にかけて、12回にもわたって戦争が行われていますが、２０１５年のトルコ軍機によるロシアの爆撃機撃墜はまずく、威嚇でよかったのです。ロシアがトルコに、後ろから撃つのは卑怯だなどと言っていますが、下手をしたら今度はロシアが同じようなことをやりかねません。

ロシアは頭に来て、トルコからの生鮮食品の輸入禁止や、トルコへの渡航禁止など、いろいろな制裁措置をとっています。今回は簡単に戦争などという事態にはならないと思いますが、トルコのエルドアン大統領がロシアに謝ることはなさそうで、しばらくは不測の事態が起こる可能性もなくはないでしょう。

難民受け入れで混乱するEUと、ドイツの決意

EUにとって深刻な地政学リスクの一つが**「難民問題」**です。

シリアには700万人の難民がいて、内300万人が生まれ育った村を追われてシリア国内で難民になっています。残りの400万人がトルコ、レバノン、エジプト、ヨルダンといった周辺国に逃れています。それらの近隣諸国へ逃れた難民が、次に目指すのがギリシャ、ハンガリー、イタリアなどのヨーロッパです。2015年にギリシャ、ハンガリー、イタリア3カ国で約50万人の難民を受け入れています（図1―18）。

ヨーロッパに流入する難民は今後さらに増加する見込みですが、難民受け入れ態勢

をめぐってヨーロッパ各国で対応が異なり、混乱・迷走しています。受け入れを拒否しているデンマークやスイスなどの国もある中で、最も受け入れ人数が多いのがドイツで、2015年だけでも100万人を超える難民が流入しています。

ヨーロッパ最大の受け入れ国であるドイツでは、納税者への負担や国内の混乱などでメルケル政権への批判が高まっていますが、議会の演説の中でメルケル首相は、いかにこれがドイツの責務でありEUの責務であるのかということを1時間かけて説明し、野党も含めて拍手をするほどの喝采を浴びました。この演説は歴史に残る素晴らしいものでしたが、**ドイツは非常に強い決意で難民問題に取り組み、やり抜く**のだという決意を高らかに表明したと言えます。

最新情報を基に効率よく移動する「スマホ時代の難民」

それにしてもドイツの難民受け入れ数100万人というのはすごい数です。全難民700万人の中の100万人、しかも1年間だけでこの数字です。今ドイツは労働人口が足りないので、そういう意味では当然の施策なのかもしれませんが、既に難民に

1－18　2015年に欧州入りした難民

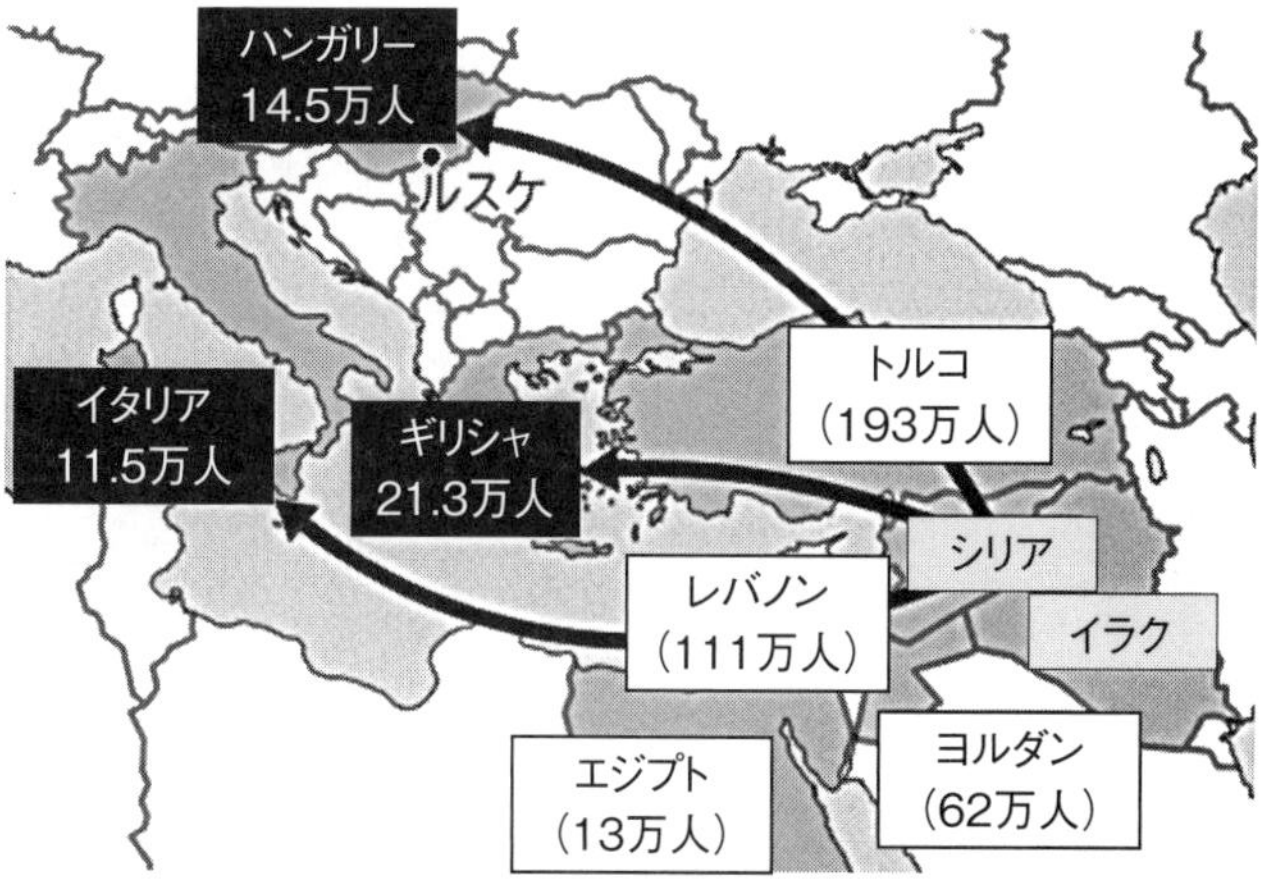

（注）カッコ内は周辺国で登録されているシリア難民数。EU、UNHCR などによる
※2015年に欧州入りした難民・移民は、ドイツでは既に100万人を超えている
※ギリシャ、ハンガリー、イタリア3カ国で約 50万人

中東からの難民が欧州に向かっており、今後さらに増加する見込みであるが、難民受け入れ態勢をめぐり、欧州各国で対応が異なるなど迷走している

※資料：Eurostat (http://ec.europa.eu/eurostat)
©BBT 大学総合研究所

対して無料でドイツ語のレッスンを提供し、食うに困らないお金を援助し、さらに仮設住宅のようなものも与えるなど、難民に対する優遇制度はヨーロッパの中でも群を抜いています。国家予算の1〜2％では足りず、相当な金がかかっていると思います。しかし先述のメルケル首相の演説で、彼女に対する国内の批判はかなり小さくなったはずです。アメリカのトランプ氏だけでなく、反ＥＵ、移民排斥を掲げるフランス国民戦線のル・ペン氏などもとんでもないことを言って人気を取っていますが、ドイツの場合、今のところ幸いそういう人はいません。難民は猫も杓子もドイツへという流れになっています。

そういうわけで、**難民にとっての第１人気はドイツ。第２人気はスウェーデン。第３人気はイギリス**、といった感じです。難民はつねにヨーロッパにいる親戚や知人などとスマホで連絡を取り合って情報交換し、どこに行けば食事ができるか、どこに行けばどういう待遇が受けられるかといった情報を得ています。したがって昔の難民のようにさまよえる感じではなく、非常に動きが効率よくなっています。まさにスマホ時代の難民ということで、そういった意味でも対応が難しくなっているのです。

10

【リスク③地政学リスク】

イラン核合意という世界の大きな成果、残された深刻な課題

成果は「イランの核合意」、課題は「ホームグロウンテロ」

最後に、地政学リスクの視点でここ最近の世界情勢をまとめると、成果としてはギリシャ危機をとりあえず収めたということ。そしてイランの核合意（イランと米露中英仏独６カ国による核問題に関する最終合意）は、オバマ政権にとっても世界にとっても大きな成果です。

できなかったことはＥＵの連帯強化。これは難民問題が最大の障壁になりました。

日本においてはロシアとの融和です。第２次安倍内閣ではロシアとの融和、平和条約の締結をするという政策を大々的に打ち出しました。拉致問題の解決もドーンと打ち出しました。拉致問題はともかくとして、ロシアとの融和についてはもっと真面目に取り組んでいれば何とかなったのでしょうが、今のところ前進がありません。

今後の課題、宿題としては、ＩＳの問題。これが今後さらに深刻になるはずです。特に、前述のように、移民先で育った人がＩＳに感化されてテロ行為に及ぶ**ホームグロウンテロは深刻な問題**です。

ロシアとトルコの因縁の戦いは、今や一触即発の状況になっていますし、ロシアとウクライナとの問題も残っています。ヨーロッパやロシアはこうした問題をどうやって解決していくか。この辺りが今後の世界情勢における大きな不確定要因と言えます。

第2章

好調経済国家・地域に注目せよ

01

企業の勝ち目は「人口ボーナス期」の国にあり

今、日本企業が進出すべき国はどこか？

中国経済が減速して、世界経済にも影響をおよぼすと述べました。ではアメリカ以外に先行きの明るい国はないのかと言うと、実はあります。

40年ほど前の日本は人口が増え、1億人にならんとしていました。まだ労働力増加率が人口増加率を上回り、経済成長にプラスに寄与する「人口ボーナス」があった時代です。注目すべきは、この頃の日本の状況と似たような、**成長著しい人口ボーナス**

2－1　世界の人口推移（予測）

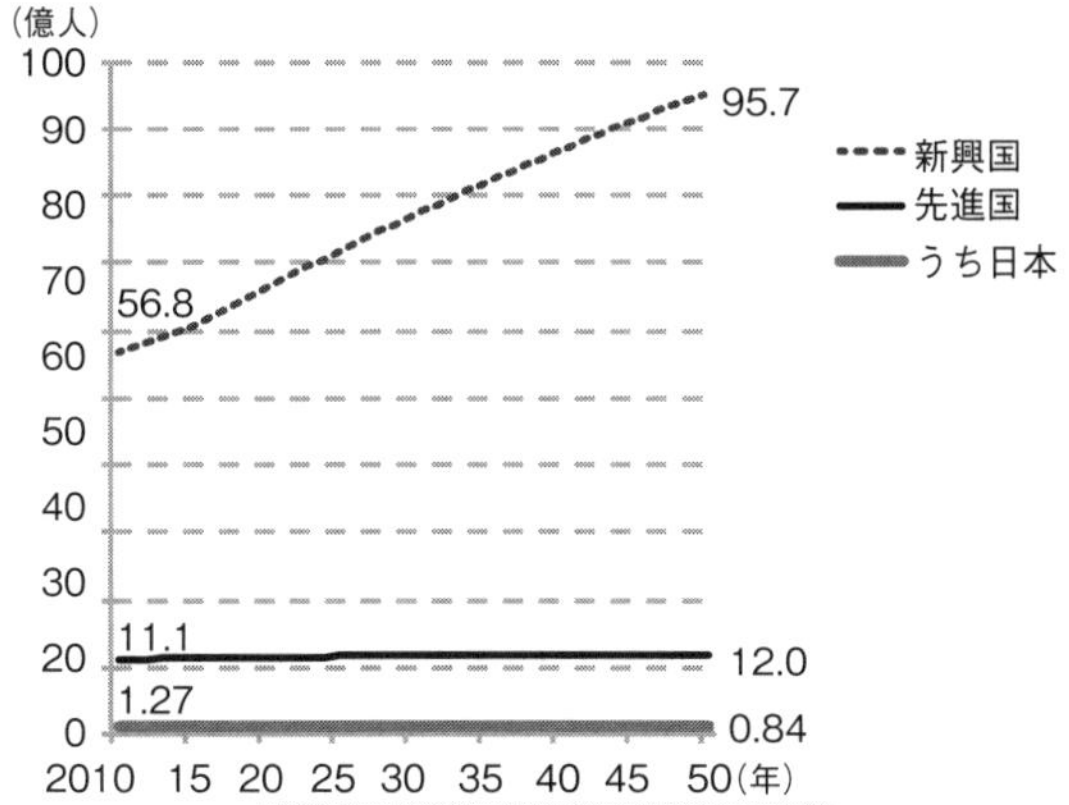

・日本は人口が減少
・先進国は人口が横ばい
・新興国は人口ボーナス期に入り、
大幅に人口が増加することが予測される

・これからを今までのように安穏に過ごすのは難しい
・座して死を待つのが嫌ならば明るい国に目を向ければいい！

注）2010 年は実績値、2010 年以降は中位推計の値

視点を世界に向けると、日本は人口が減少する一方、新興国を中心に世界では人口増加傾向が続く

※資料：United Nations『World Population Prospects The 2012 Revision』(http://esa.un.org/wpp/)
©BBT 大学総合研究所

がある国です。日本企業はそういう国を第2の日本として、現地に腰を据え、今後10年から20年かけて地道に市場開拓をしていく必要があります。

日本という国は、「人口減少、どうしよう、どうしよう」と言うばかりで、抜本的な解決策を打つ気配はまったくありません。私は20年以上前から、特定の条件をクリアした移民にもっと積極的に日本国籍を与える新しい「国籍法」や、国民の個人情報をすべてデータベース化し、国家が一括して管理・保護する「コモンデータベース法」、また、地域活性化のために都道府県の区割りを廃して各自治体に裁量と責任を付与する「道州制」などを提案し続けていますが、何も変わっていません。変える気がないのです。

そのような状況下で、日本企業が生き抜くためにどうすればいいか。図2―1の「世界の人口推移（予測）」を見ると、日本では人口が減少する一方、新興国を中心に、世界的には人口増加が続きます。国内の人口減少はシリアスな問題ですが、個人や企業の視点から見ると、**伸びている国に行けばいい**のです。このまま日本にいても、お客さんは減る一方です。

2－2　人口ボーナス期の長さ

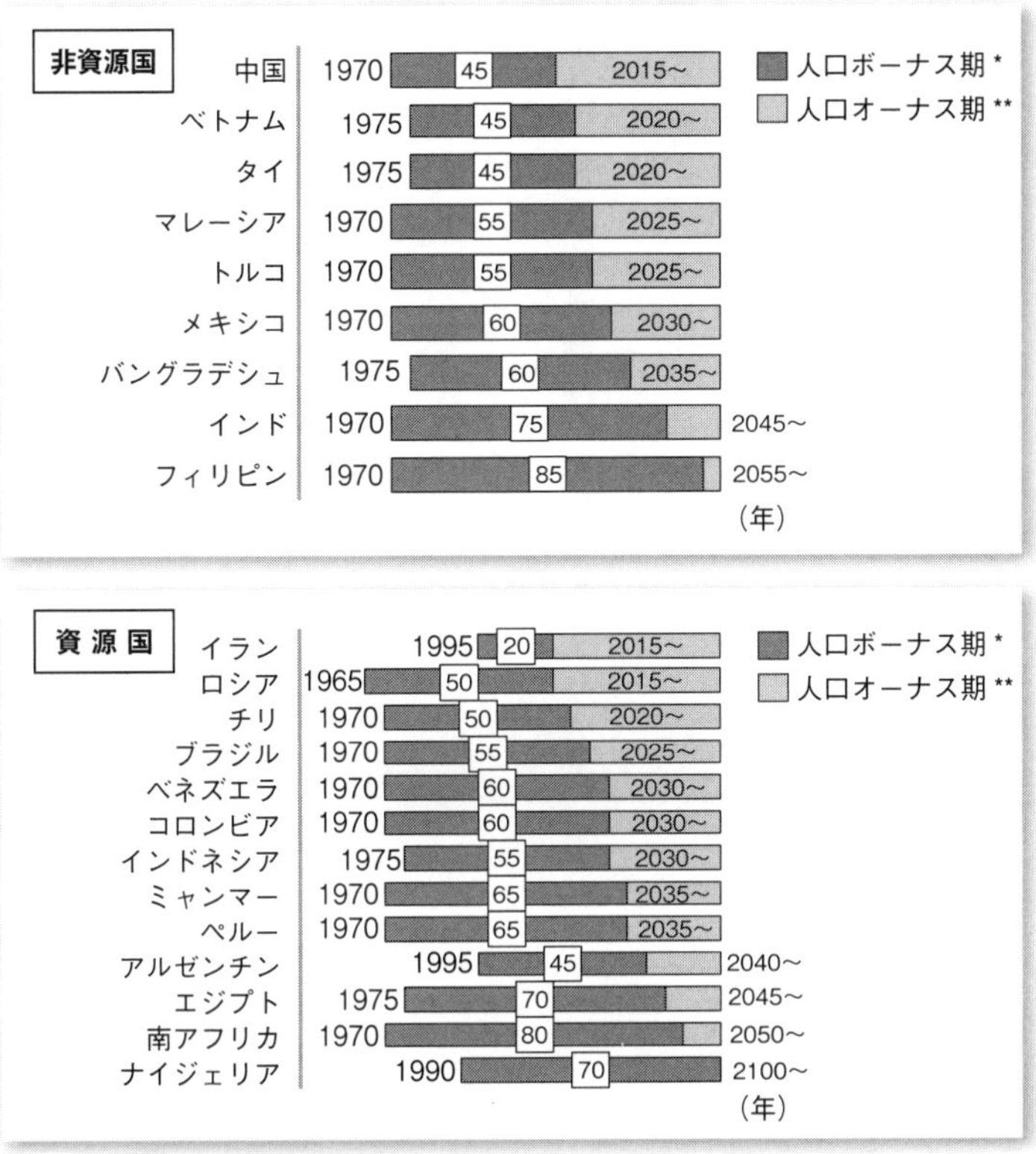

* 人口ボーナス期＝従属人口比率（(幼年＋老人人口) / 生産年齢人口）がピークを迎えた後、底となるまでの期間
** 人口オーナス期＝非資源国、資源国ともに、人口負担期が始まる頃

多くの新興国で、今後10～20年の間に生産年齢人口が全人口に占める割合が高まりピークを迎える

※資料：内閣府『世界経済の潮流 2014 年 I』(http://www5.cao.go.jp/j-j/sekai_chouryuu/sh14-01/sh14.html)
©BBT 大学総合研究所

図2―2は人口ボーナス期の長さを表すグラフです。日本は高度経済成長期に人口ボーナス期があったのですが、既にマイナス、人口オーナス期に転じています。中国は2014年がピークで、2015年から人口オーナス期に入っています。ベトナムは、2020年が転換点です。カトリック国のフィリピンでは、堕胎ができないという事情もあって、2055年頃まで人口ボーナス期が続きます。このデータを参考に、**今後も人口ボーナス期が続いていく、できるだけ大きなマーケット**に行くのがコツです。

新興国では「昔取った杵柄」でビジネスができる

図2―3の表も参考になるでしょう。横軸に人口の規模、縦軸に人口増加率をとり、世界の国名をプロットした一覧表です。右側の国の中で、政情が安定している国を選んで、その国に攻勢をかける。これらの国には、今から40年くらい前の日本と同様のビジネスチャンスがあると考えられます。わざわざ**新しい仕掛けをせずとも、これまでのやり方で十分商売ができます。**

2－3　世界の主な国・地域の人口と人口増加率（2050年推計）
（人口＝2050年、人口増加率＝2010vs2050）

人口増加率（%）＼人口（少→多）	1,000万人未満	1,000万人～5,000万人未満	5,000万人～1億人未満	1億人以上
高 100～	ガンビア、リベリア、赤道ギニア、ギニアビザウ、コモロ、モーリタニア	ジンバブエ、マリ、ブルンジ、チャド、ソマリア、マラウィ、ブルキナファソ	ニジェール、アンゴラ、マダガスカル、モザンビーク、ケニア	ウガンダ、タンザニア、ナイジェリア、エチオピア
80～99	中央アフリカ、東ティモール、ソロモン諸島、ベリーズ、オマーン	タジキスタン、パプアニューギニア、ガーナ、イエメン、UAE	アフガニスタン	
60～79	ナミビア、カタール、西サハラ、キリバス	シエラレオネ、ヨルダン、ホンジュラス、シリア、ラオス、ボリビア		フィリピン
40～59	ジブチ、マカオ、ニューカレドニア、バーレーン、ニカラグア、モナコ	カンボジア、エクアドル、豪州、マレーシア、サウジアラビア、ベネズエラ	アルジェリア	パキスタン、エジプト
20～39	シンガポール、ルクセンブルク、モンゴル、リビア、バハマ、パラオ	ネパール、モロッコ、ドミニカ、カナダ、ウズベキスタン、スウェーデン	コロンビア、トルコ、アルゼンチン、南アフリカ	イラン、インド、バングラデシュ、インドネシア、メキシコ、米国
低 0～19	スリナム、セントルシア、デンマーク、香港、バルバドス、オーストリア	アゼルバイジャン、スリランカ、北朝鮮、ベルギー、チェコ、スペイン	英国、フランス、ミャンマー、韓国	ブラジル、ベトナム、中国

日本企業は、人口規模が大きく人口増加率が高い国の中から、自社の将来市場を決めて出て行くべき

※資料：United Nations『World Population Prospects The 2012 Revision』(http://esa.un.org/wpp/)
©BBT大学総合研究所

02

先手必勝！非常識な発想で集中的にとことん攻める

産婦人科でピアノを売りまくったヤマハ・川上源一

新興国に打って出る際のヒントとして、元ヤマハ社長、川上源一氏のビジネスモデルをご紹介しましょう。川上氏はかつて、人口ボーナス期の日本でピアノを作り、世界一のピアノメーカーを目指した人物です。

ピアノを売りたいと言っても、国民の大半が貧しいですから、そんなお金はどこにもない。まだテレビがない家も多かった時代です。そこで川上氏がどうしたかという

2－4 「人口ボーナス」時代に成功したヤマハのビジネスモデル

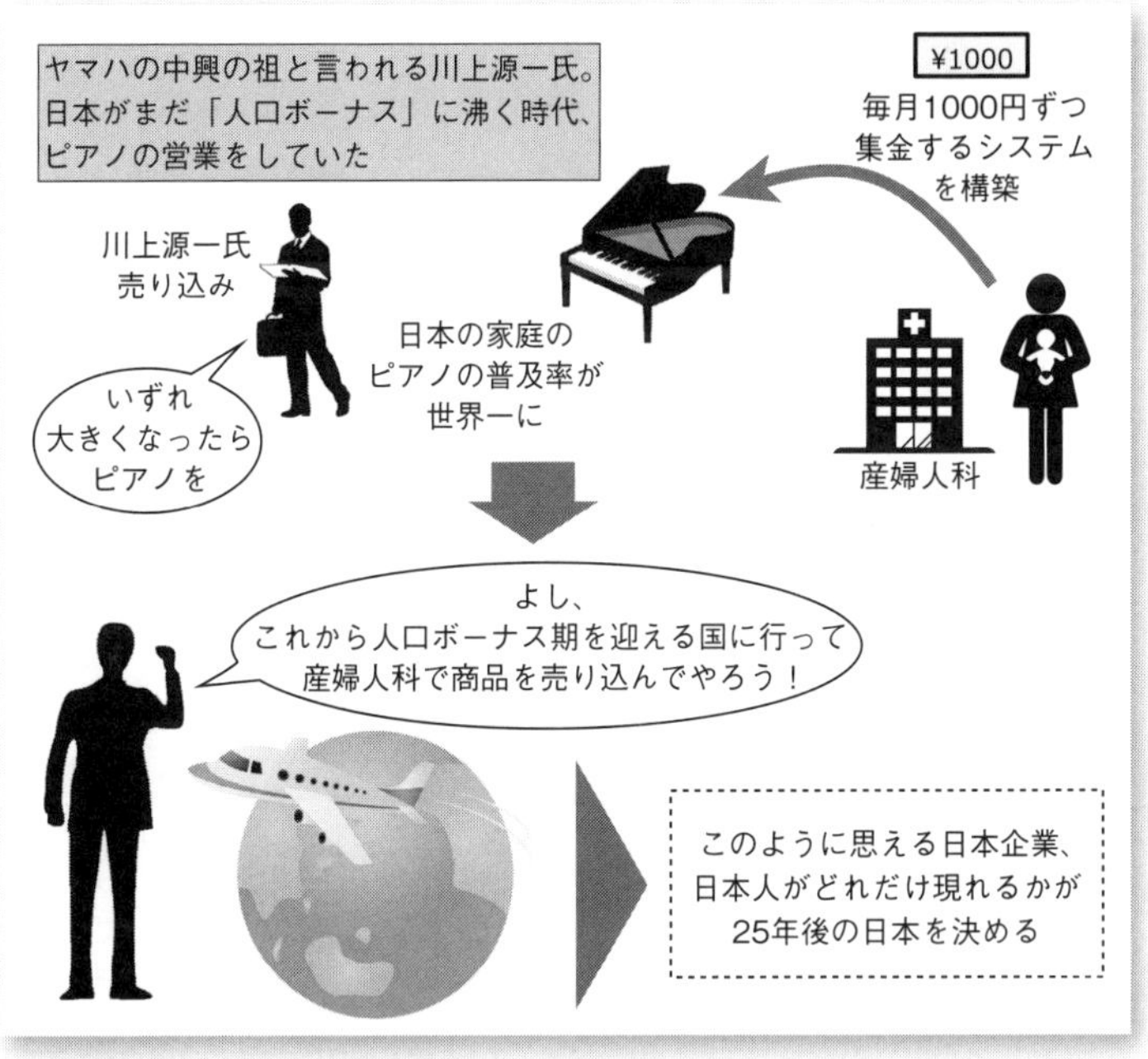

企業は、これから人口ボーナス期を迎える国に行き、「産婦人科で商品を売り込める」かが決め手となる

※資料：PHP研究所『THE21「この30年を反省し、新たなる30年に備えよ！／大前研一」』2014/11、
ヤマハ株式会社（http://jp.yamaha.com/）
©BBT大学総合研究所

と、産婦人科で子供が生まれるところに立ち会って、「おめでとうございます。お子さん、将来ピアノなどいかがですか」と声をかけるわけです。母親が「今はお金がありません」と答えれば、「ご心配なく。ヤマハレディが来月から毎月1000円だけピアノを買うための積立金を集めにうかがいます。4歳になったらヤマハ音楽教室に通ってください。ピアノが上達したころ、ちょうどお子さん専用のピアノが手に入るだけのお金が貯まっています」と言ってピアノを売りまくったのです。

結果、何が起こったか。日本の一般家庭のピアノ普及率は、なんと20％になりました。5軒に1軒はピアノを持っている。ドイツを抜き、アメリカを抜き、世界でこれほどピアノが普及した国はありません。すべて川上氏の仕掛けです。人口ボーナス期には、そういうやり方ができるのです。

今、インドネシアでは、ヤマハ音楽教室が大人気です。日本でも、1人当たりGDPが3000ドルの頃からピアノを習わせる親がいたように、子供の情操教育、あるいは将来のために、音楽を習わせたいという親心は世界共通なのです。

人口ボーナス期の国の産婦人科に乗り込め！

社会が変わらなければ、確実に人口動態が示す通りの未来がやってきます。突然起こるわけではありません。ずっと前から分かっていたことです。

どう変えるか。まず、前述のように政府は**戸籍制度を廃止、「コモンデータベース」から公的サービスを提供**します。また、**移民を受け入れる準備を始める。**移民制度ができてから有効な労働力が動くまでには10年、20年という長い時間がかかります。地方活性化のためには、バラマキ政策をやめ、統治機構を根本から変えて道州制を導入すべきです。

企業はどうするか。今後も**人口ボーナス期が続きそうな国を選んで、とことん攻める。**人口ボーナス期の国へ行ってヤマハの川上氏のように産婦人科に乗り込み、商品を売り込むくらいの気概を持った日本企業、日本人経営者がどれだけ現れるかで、20〜30年後の日本の姿は大きく変わってくるはずです。

03

成長著しいメキシコとフィリピンを見逃していないか？

自動車会社が殺到する好調国メキシコ

では、日本企業は具体的にどこの国を狙って進出していけばいいのでしょうか？

私はメキシコとフィリピン、今はこの2カ国に注目すべきだと思っています。

図2―5を見ると分かるように、メキシコの人口が約1億2000万人、フィリピンの人口は約1億人です。1人当たりのGDPを見るとメキシコが高い数値を示しており、GDP成長率ではフィリピンが6・1％と伸びています。

2－5　新興国の経済指標（人口上位15カ国、2014年）

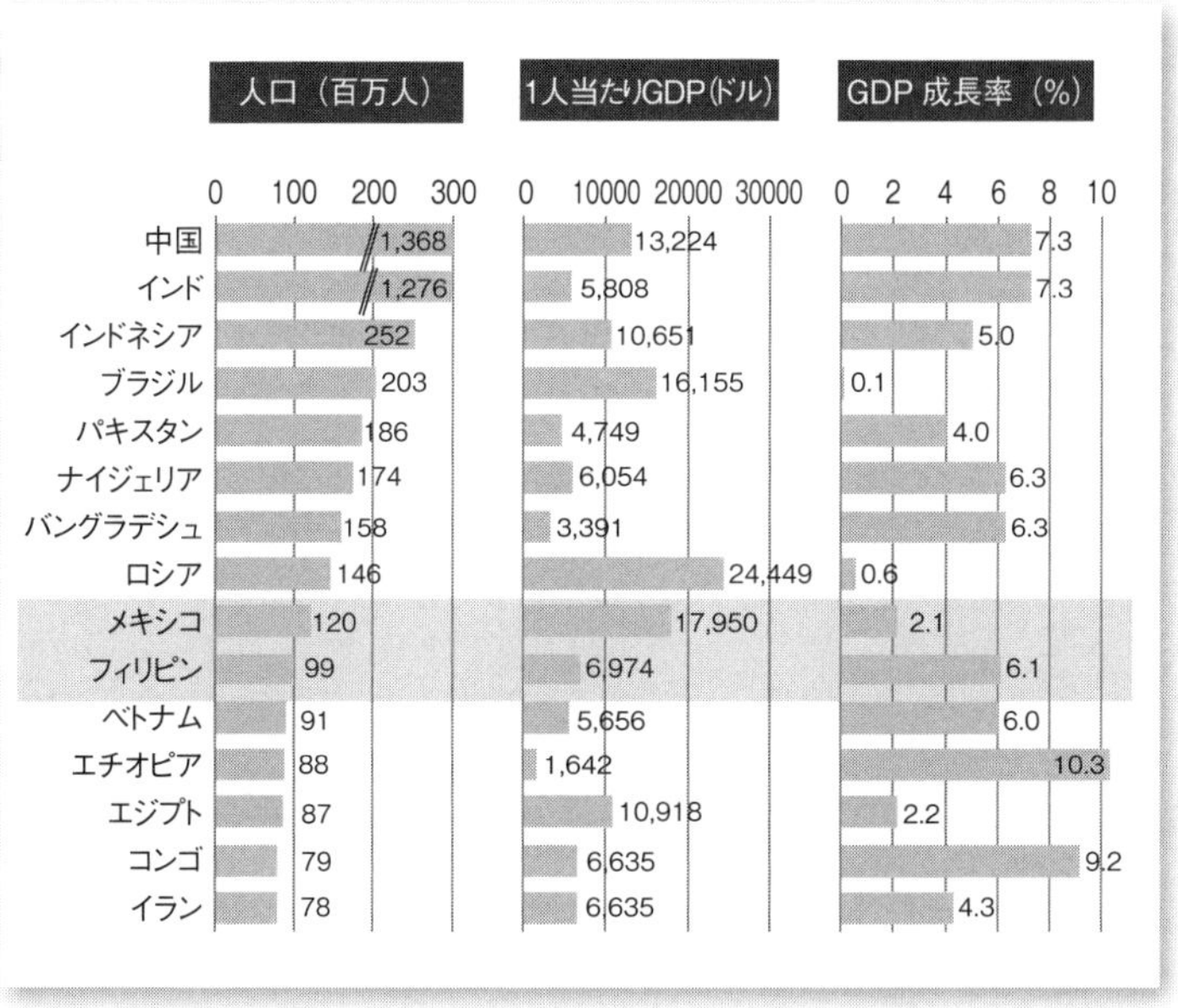

世界経済が減速するなかで成長が著しい国があり、日本が注目すべきはフィリピンとメキシコ。日本企業は現地に腰を据え、地道に市場を開拓していくべき

※資料：IMF『World Economic Outlook Database October 2015』
(https://www.imf.org/external/pubs/ft/weo/2015/02/weodata/index.aspx)

業種によっては他の国を選ぶという必要があるでしょうが、いずれにしてもこういう新興国の市場開拓をするには最低でも10年かかりますので、地道に成長の機会を模索していくべきです。

メキシコは**中進国のジレンマ**を抱えています。

中進国のジレンマというのは、韓国がいい例です。1人当たりGDPが2万ドルに達する経済を超えて、さらに経済の調子がよくなって人件費が上がる。すると今度は競争力が落ちる。そして成長が止まるのですが、また上がってきてまた成長が止まるということを繰り返し、なかなか3万ドル経済に到達できない。これが中進国のジレンマです。

メキシコもこれと同じようなことを繰り返していたので、メキシコの経済にはあまり期待していなかったのですが、2015年にメキシコに講演で呼ばれて行ったとき、その見方が正しくないことに気づきました。

メキシコは南北に長い国です。それで北のほうのいくつかの州は完全に自動車産業に特化しており、自動車産業を中心に外資をたくさん呼び込んで、2万ドル超え経済を達成しています。一方で南のほうの農村地帯は相変わらずです。つまりメキシコ全体を一括りにして見ていては駄目だということです。今メキシコは成長している地域とそうでない地域が明確に分かれています。海外企業にとっては、進出していい州といけない州があると言ってもいいかもしれません。

２０１５年は日本の自動車会社も大挙してメキシコ進出を行いました。メキシコは今自信に満ちており、活況を呈しています。実際にこの目で見て、今メキシコ側の外国企業の受け入れ態勢はかなりよい状況になってきているということを実感しました。

アジアで断トツに頭のいいフィリピン人に集まる熱い視線

フィリピンは次の大統領次第ということもありますが、うまくいけば今後世界の中で**極めて有望になる国**の一つです。好条件は人口やＧＤＰ成長率だけではありません。アジアの中でフィリピン人は、インド人に次いで断トツに頭のいい人たちがたくさんいるのです。フィリピン人の強みは、まず英語が堪能なこと、海外に出て行って稼ぐスキルが非常に高いことです。人材が最大の輸出品と言われるくらい、国際的競争力があり、フィリピン人のＩＴ技術者や看護師などが国外でたくさん活躍しています。
次期大統領が誰になるのかがフィリピンの先行きの鍵を握っていますが、よほどの人でない限り、フィリピンは一つ大きな壁を越えて一万ドル経済になるでしょう。

またアジアにおいては当然**インドも注目すべき国**です。インドは２０１５年のＧＤＰの成長率で中国を抜いて初めて明確にアジアのトップに躍り出ました。ＢＲＩＣＳのほかの国が減速する中で、インドだけがかなり伸びてきています。
モディ首相のモディノミクスで、だいぶ国外からの投資も行われています。ただインドは経済が進めば進むほど、取り残された人が選挙のときに復讐をするということで、今後の選挙の結果によっては経済に悪影響をおよぼす要素が出てこないとも限りませんが、今のインド経済の状況を見ていると、先行きは明るいと考えています。世界の人々も、このインドの繁栄の匂いをかぎつけて、この国に非常に熱い視線を送っているという状況です。

04

6億人の巨大市場AECをいかに攻めるか

第2のEU出現？　6億人の巨大市場AECの誕生

先ごろ、**東南アジアの新しい経済共同体、AEC（ASEAN経済共同体）**が発足しました。したがってフィリピンやインドだけでなく、アジア全体の経済に今さらなる注目が集まっています。

図2―6は世界の主な国・地域の経済指標で、左側が人口で右側がGDPです。人口で見るとAECは6億人で、EUの5・1億人を上回る一大経済圏が生まれるわけ

2－6　主な国・地域の経済指標（2014年）

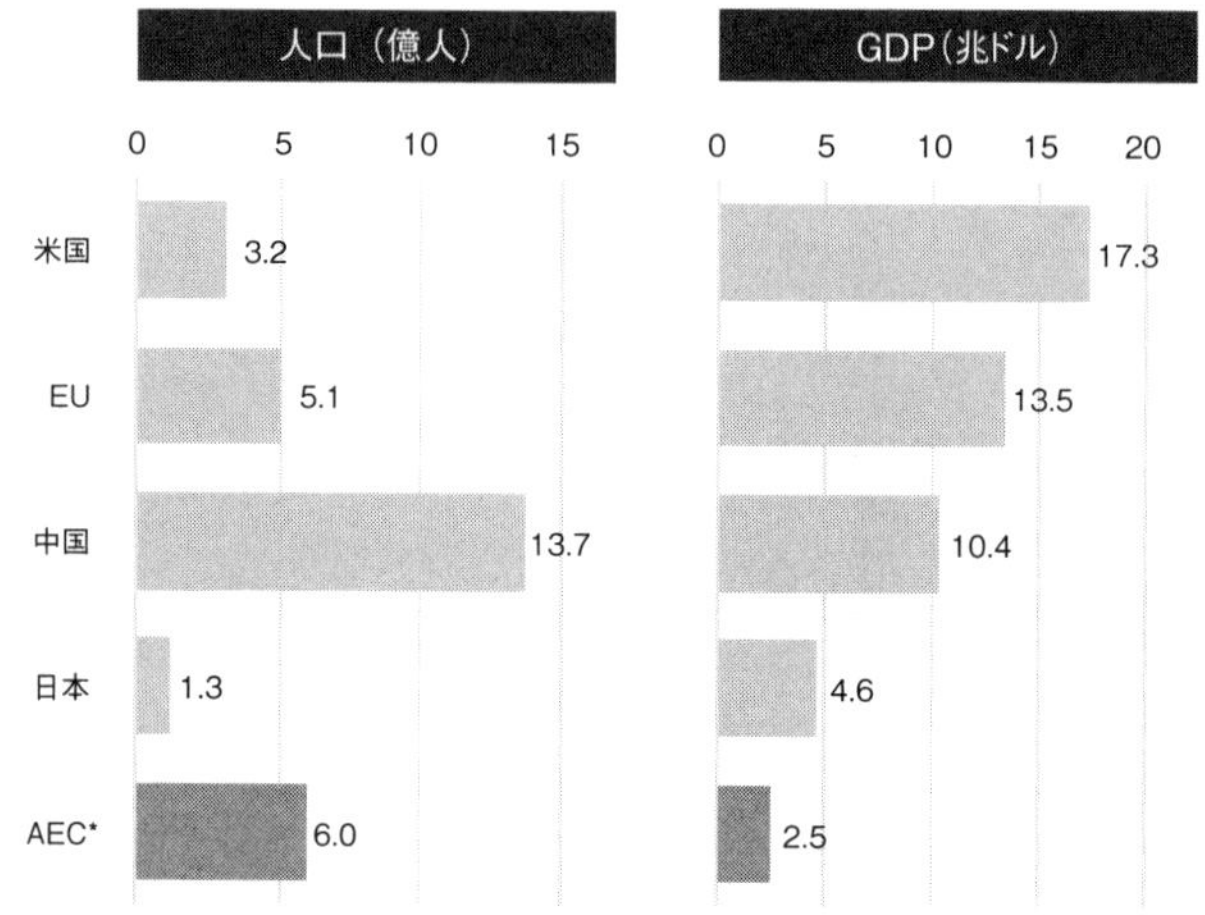

＊シンガポール、タイ、インドネシア、マレーシア、ブルネイ、フィリピン、ミャンマー、カンボジア、ベトナム、ラオス

2015年12月31日にASEAN経済共同体（AEC）が発足、人口6億人の一大経済圏が誕生するが、経済規模が小さい、非関税障壁が残るなど課題がある

※資料：IMF『World Economic Outlook Database October 2015』
(https://www.imf.org/external/pubs/ft/weo/2015/02/weodata/index.aspx)、
日本経済新聞社『日本経済新聞』2015/11/23

です。そして加盟国を見ると、ほとんどが人口ボーナスを持っています。経済規模で見るとGDPは日本の半分くらいの2・5兆ドルと若干小さいですが、私は、この**AECマーケットは赤丸急上昇**と見ています。

EUの前にあったEC（ヨーロピアン・コミュニティーズ）の状況と同じで、AECにはまだまだいろいろな障壁があり、まだ完全な単一市場とは呼べませんが、ECがEUになったように、優れた指導者が2、3人出てくれば、将来、**EUと同様のAU（アジアン・ユニオン）**のような形になっていく可能性があります。

ただし、図2―7のAEC発足後の変化と課題にあるように「モノの移動」「サービスの移動」「カネの移動」「ヒトの移動」において、様々な課題が残っています。特に非関税障壁の撤廃においてはインドネシアなどで自国内産業の保護色が強まっており、道のりは険しいと言えます。

特にユーロのような共通通貨の実現についても、ややハードルが高いです。ヨーロッパの場合は、当時フランスのジスカールデスタン大統領やミッテラン大統領、旧西ドイツのシュミット首相、コール首相など非常に優れた政治家たちがいたので何とか統合を実現できました。ＡＥＣでも今後彼らのような政治家が出てくるかどうかが、この地域の経済的統合実現の鍵になってくるでしょう。

ＡＳＥＡＮ諸国の企業はこれからＡＥＣの中でチャンピオンになろうと、域内での活動が活発になっています。特にタイ、マレーシア、インドネシアの企業が率先して、ＡＥＣ全域で時々の利害に従って駆け引きを行う政策「合従連衡」を行っています。したがって日本企業が今後この地域で仕事をするときには、その中の勝ち組になりそうなところ、勢力を伸ばしているところと組んでいくことが重要です。ＥＵの中でも勝ち組と負け組が明確になりましたが、アジアでも負け組と組むと大変なことになります。

どこの国、どこの企業と組むべきなのか。その辺りを賢く見極めれば、ＡＥＣにおいてかなりのマーケットを攻めることができるはずです。とにかくＡＥＣ域内では、地元企業がものすごいスピードで合従連衡を進めていますので、日本企業はしっかりと現地の状況を把握して慎重に判断をすべきでしょう。

2－7　AEC発足後の変化と課題

項目	達成度	主な政策	内容
モノの移動	○	域内関税の撤廃	タイなど先行6カ国でほぼ完了。ラオスなど後発4カ国も2018年までにほぼ完了
	△	通関手続きなどの円滑化	運用改善も課題はまだ多い
	×	非関税障壁の撤廃	インドネシアなどで自国内産業の保護色が強まる
サービスの移動	△	サービス業進出の規制緩和	対象128業種で外資の出資比率70%以上を認める取り決めが先送り
カネの移動	△	金融機関進出の規制緩和	域内で相互の融資業務可能な認定制度を導入。認定金融機関はなし
ヒトの移動	△	専門家の移動自由化	建築士など特定8分野で合意するも実現性に疑問

○= ほぼ自由化　△= 進展あるも未実施　×= ほとんど進展せず

※資料：IMF『World Economic Outlook Database October 2015』
(https://www.imf.org/external/pubs/ft/weo/2015/02/weodata/index.aspx)、
日本経済新聞社『日本経済新聞』2015/11/23
©BBT大学総合研究所

05

「ホームレスマネー」が流れる場所に勝機あり

オーストラリアで5億円マンションを買い漁る中国人

ＡＥＣ諸国以外にも注目すべきエリアがあります。それは「ホームレスマネー」が集まる場所です。ホームレスマネーとは、高いリターンが得られる投資先を探して世界中をさまよっている、不要不急で無責任きわまりないお金のことです。

先述した世界の様々なリスクの高まりとともに、このホームレスマネーがアメリカや安全な金融商品に流れつつあります。同時に**タックスヘイブン（租税回避地）や不**

2－8　ホームレスマネーが部分的に一部の都市・地域に流入

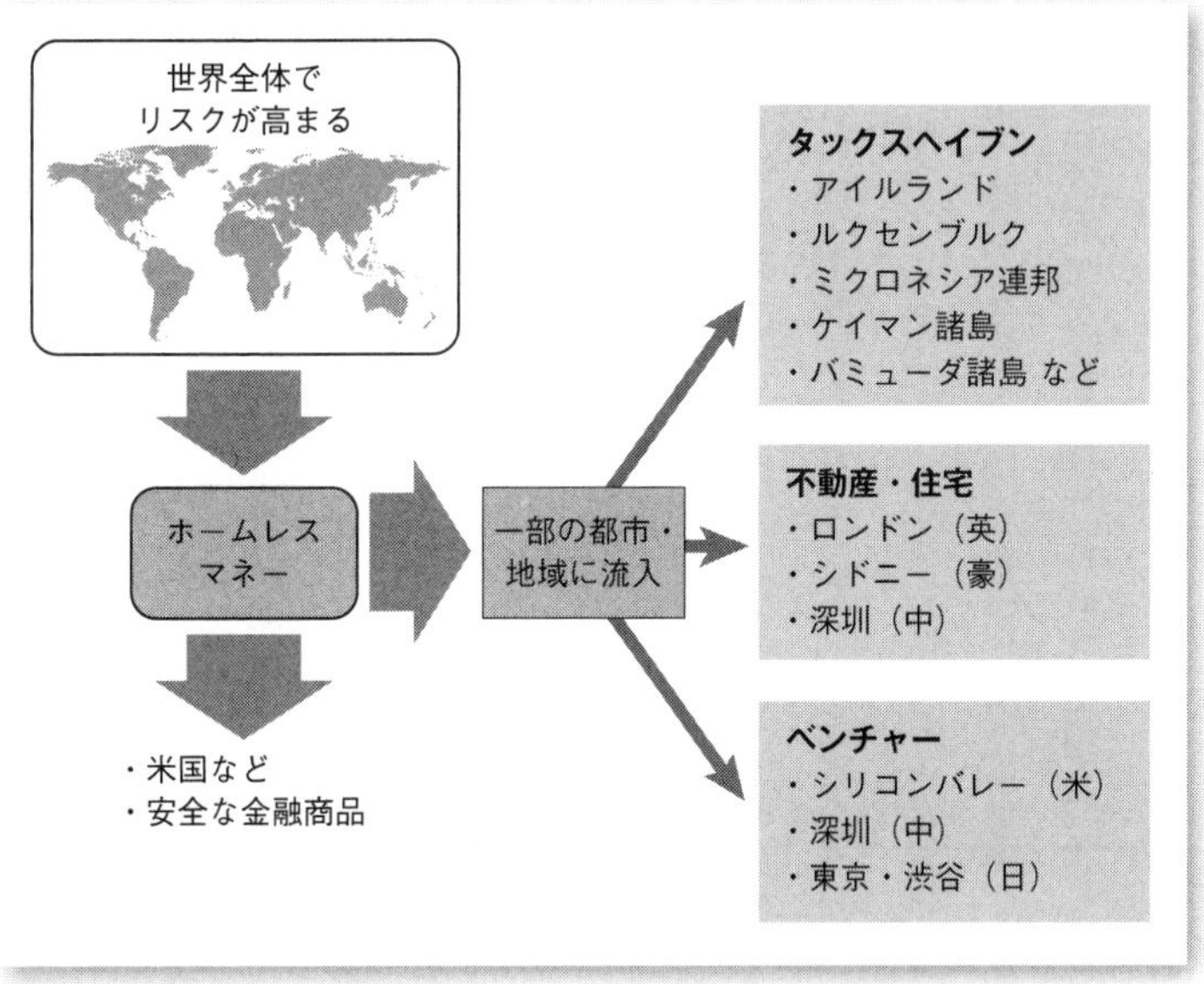

世界全体で見るとリスクは高まっているが、ホームレスマネーはタックスヘイブンや不動産、ベンチャーにも一部が流れており、個別の国家・地域で見るとチャンスがある

※資料：BBT大学総合研究所、IMF (http://www.imf.org/external/index.htm)

動産・住宅、ベンチャーなど一部の都市や地域、特定の市場に流入し（図2―8）、個別の国家・地域で見ると、こうしたところにビジネスチャンスがあると言えます。

タックスヘイブンは具体的に挙げると**アイルランド、ルクセンブルク、ミクロネシア連邦、ケイマン諸島、バミューダ諸島**などです。

不動産・住宅関連では、**ロンドン、シドニー、中国の深圳**ですが、特にシドニーには今中国人が大挙してやってきており、中国マネーが大量に流れています。シドニー湾の風光明媚な崖の上に中国人が先を競って5億円くらいのマンションや家を買っているのです。以前は大体1億5000万から2億円くらいで販売されていたものが5億円になっていますが、北京や上海のマンションは今8億円くらいしますから、彼らから見ると安い買い物です。中国人が、「オー、チープ！」と言って買い漁っており、オーストラリア人は非常に頭にきているようです。

オーストラリアにはＦＩＲＢ（Foreign Investment Review Board）という外資規制があり、本来、外国人が5億円の買い物をするというのは非常に難しいのですが、「上に政策があれば下に方策あり」という中国人ですから、ダミーのオーストラリア人に金を渡して、そのオーストラリア人の名義でマンションや家を買っています。日

2－9　欧州のGDP成長率の高い国

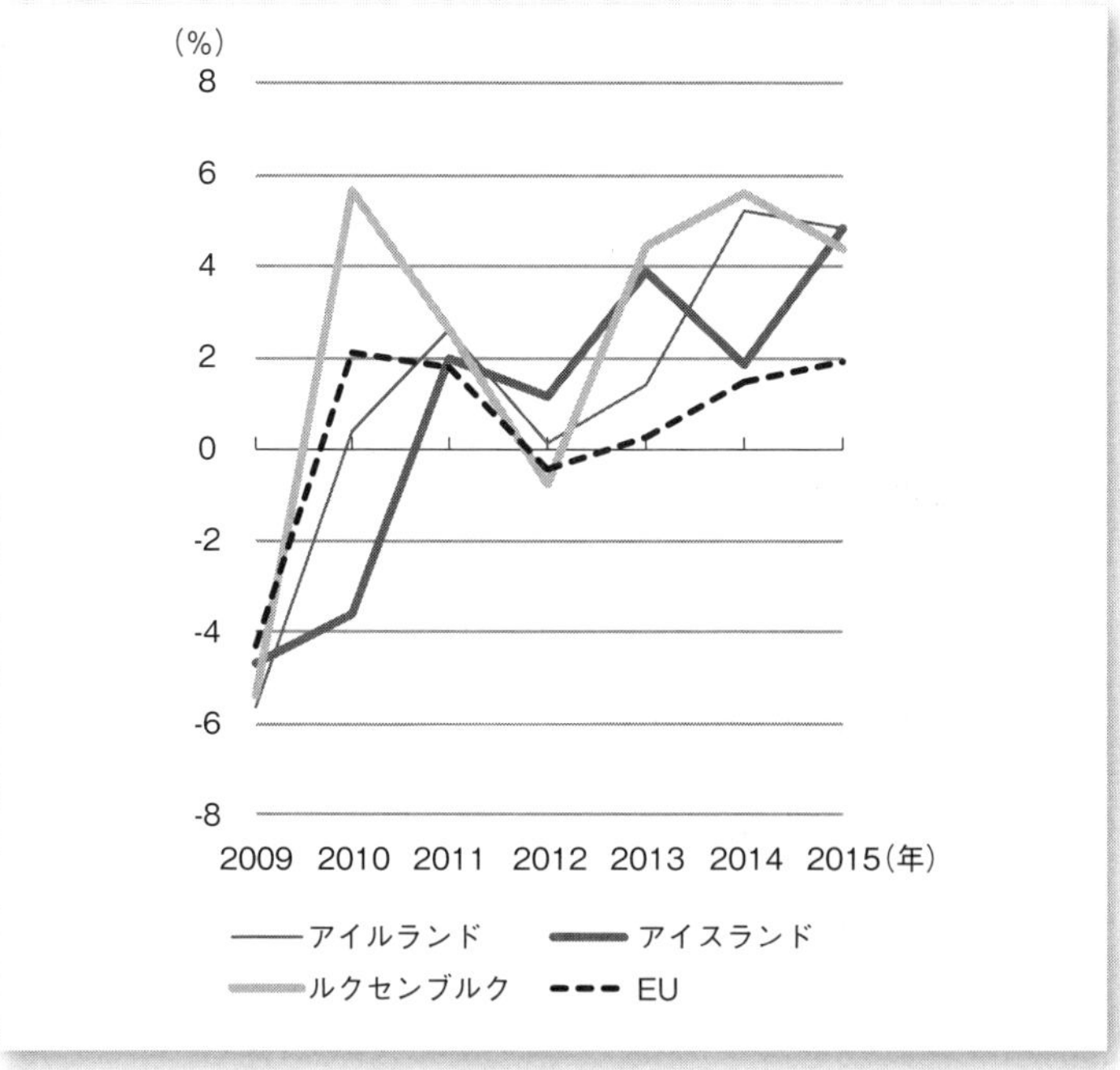

ホームレスマネーの受け皿としての役割を果たす国に、お金が集まっている

※資料：BBT大学総合研究所、IMF (http://www.imf.org/external/index.htm)
©BBT大学総合研究所

本人はこれをやらなかったためにオーストラリアでの不動産・住宅購入に歯止めがかかってしまいましたが、中国人はそれを平気でやっています。

アイルランド、ルクセンブルク、アイスランドに集まるお金

ベンチャー関連ではシリコンバレー、深圳、東京へのホームレスマネー流入が目立ちます。東京は規模は小さいですが、渋谷ビットバレー等が比較的元気です。タックスへイブンのアイルランド、ルクセンブルク、そしてアイスランドはいずれも小さい国ながら、ヨーロッパにおけるGDP成長率の高い国です（図2—9）。ホームレスマネーの受け皿としての役割を果たすこれらの国にお金が集まっているのです。

中でも**アイルランドは注目**です。2015年の主なM&A案件で最も大規模なものは、アイルランドの医薬関連企業アラガンと、アメリカのファイザーによるM&Aで、その額は1600億ドル。そうした巨大なM&Aの背景には、アメリカを中心としたグローバル企業の思惑が潜んでいますが、その辺りについては次章で述べていきます。

第3章

染色体が異なる21世紀の企業たち

01

グローバル企業のM&Aと節税対策の実態

巨大グローバル企業がアイルランドへ向かう理由

本章では、21世紀型企業についてお話ししますが、まず世界のM&Aの動向について見ていきましょう。

図3―1のように、このところ海外において、日本では考えられないような規模の巨大なM&Aが盛んに行われており、2015年の世界の企業によるM&Aは過去最高ペースで加速しています。図3―2は2015年の主な大型M&A案件の一覧です。

3－1　世界のM&A金額の推移

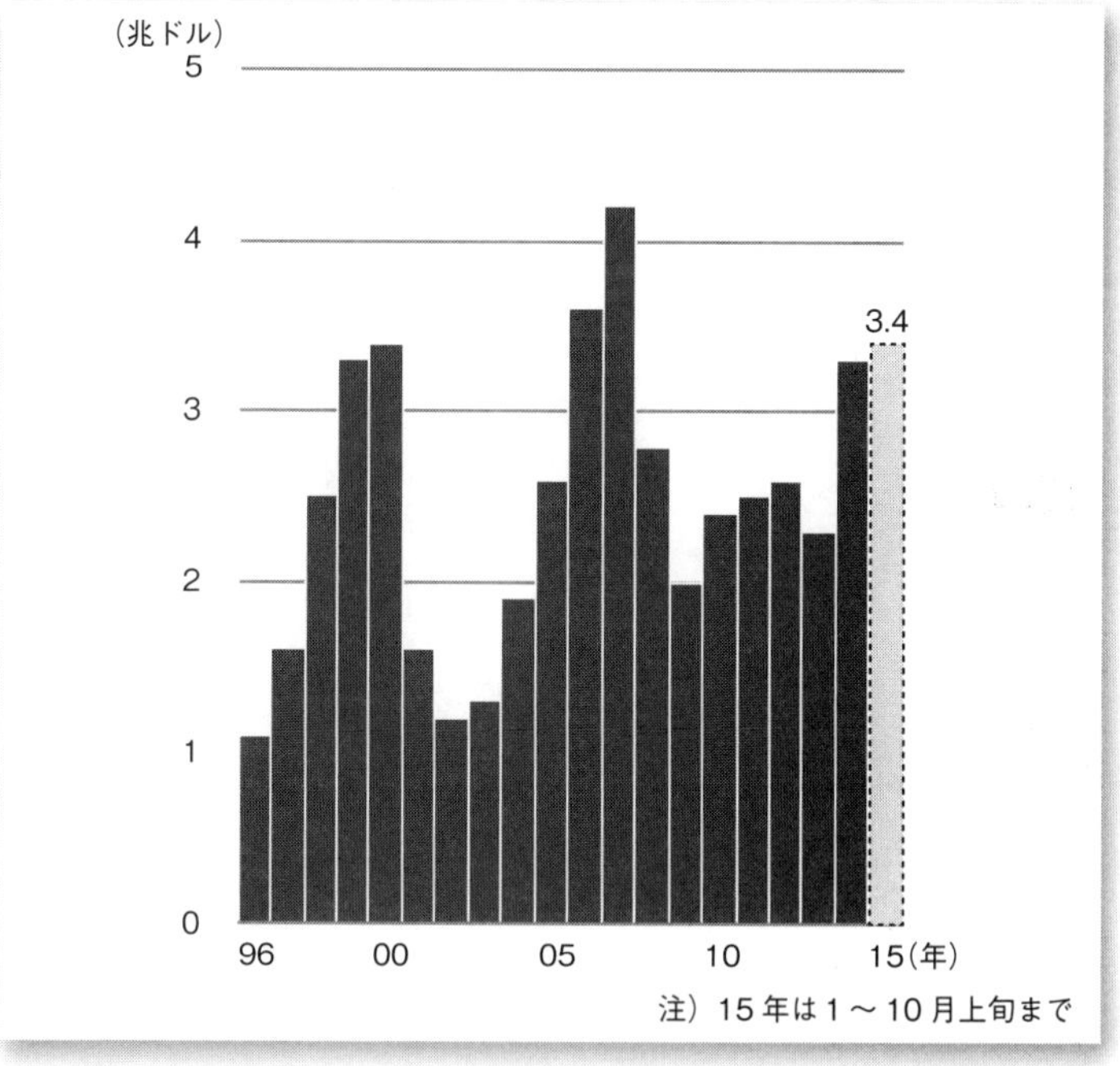

世界の企業によるM＆Aが過去最高ペースで加速している

※資料：日本経済新聞社『日本経済新聞』2015/10/14、ほか各種文献・記事より
©BBT総合研究所

一番大きかったのは、アメリカのファイザーによるアイルランドのアラガンの買収です。アラガンはアイルランドに本社を置いていますが、もともとはアメリカの会社で、アイルランドの会社を買収することによってアイルランドに本社を移しました。理由は**アイルランドの税率が非常に低い**からです。そして世界最大の医薬会社の一つファイザーが、やはりアイルランドの税率の低さを狙ってアラガンを買収、アイルランドの会社になります。アメリカの高い税金を払いたくない、ということです。

2番目はベルギーの酒類メーカー、アンハイザー・ブッシュ・インベブと、世界最大級の酒造会社SABミラー（英）のM&A。アンハイザー・ブッシュ・インベブは2008年、バドワイザーで知られるアメリカのアンハイザー・ブッシュを買収・合併して、今や世界のビール販売量シェア第1位の会社です。今回、ビール販売量シェア世界第2位のSABミラーと一緒になることにより、世界のビール生産で約3分の1のシェアを占める**巨大企業が誕生**したわけです。3番目が、世界第2位の石油エネルギー企業、ロイヤル・ダッチ・シェル（英蘭）によるBGグループ（英）の買収。このM&Aにより上場企業としては世界最大のLNG企業が生まれました。

3－2　2015年の主な大型M&A案件

No.	買収企業	被買収企業	金額（億ドル）
1	ファイザー（米 / 医薬）	アラガン（アイルランド / 医薬）	1,600
2	アンハイザー・ブッシュ・インベブ（ベルギー / 食品）	SAB ミラー（英 / 食品）	1,207
3	ロイヤル・ダッチ・シェル（英蘭 / 石油）	BG グループ（英 / 石油・ガス）	810
4	チャーター・コミュニケーションズ（米 / ケーブルテレビ）	タイム・ワーナー・ケーブル（米 / ケーブルテレビ）	783
5	デル（米 / IT）	EMC グループ（米 / IT）	635
6	HJ ハインツ（米 / 食品）	クラフト・フーズ・グループ（米 / 食品）	547

※資料：日本経済新聞社『日本経済新聞』2015/10/14、ほか各種文献・記事より
©BBT 総合研究所

このように今世界では巨大なM&Aに拍車がかかっていますが、この傾向は2つの側面、二重写しです。一つは巨大企業同士が一緒になってさらに**巨大な企業が生まれる**ということ。もう一つは、M&Aと同時に**本社をアイルランドなど税金が安い国に移す**ということです。スイスがいいという時代もありましたが、今はみんなアイルランドです。巨大な買収資金も、税金のことを考えれば正当化できるということです。

本社移転で節税するしたたかな世界企業

このように節税効果を狙ったグローバル企業の本社移転が増加しており、なかでもアイルランドは主要国の中で最も法人税率が低いため、移転先に選ばれています。

図3—3は、本社移転がもたらす節税効果についてまとめたもので、ファイザーとアラガン、アメリカの通信機器会社アリスとイギリスの通信機器会社ペース、カナダの医薬関連企業バリアントとコンタクトレンズでも有名なボシュロムの例を挙げています。本社移転による節税効果は非常に大きく、分かりやすい例で言うと、バリアントはボシュロムを87億ドルで買収しましたが、新会社がM&A後の10年間で見込める

3－3　本社移転がもたらす節税効果
(ファイザー、アリス、バリアントの例)

買収企業	被買収企業	内容
ファイザー (米 / 医薬)	アラガン (アイルランド / 医薬)	・買収金額は1,600億ドル ・ダブリンに本社を移すことで得られる一時的節税効果は210億ドル ・ファイザーが14年に課された実効税率は25.5%だったが、合併後は17～18%になる
アリス (米 / 通信機器)	ペース (英 / 通信機器)	・買収金額は15億5,000ポンド ・本社を英国に移すことで期待できる実効税率は26～28% ・米国での法人税率は35%であった
バリアント (カナダ / 医薬)	ボシュロム (米 / 光学機器)	・買収金額は87億ドル ・新会社が以降10年間で見込める節税効果は36億ドル

▌グローバル企業の節税効果を狙った本社移転が増加

※資料：日経BP社『日経ビジネス』2015/12/7、
KPMG『2015 Global Tax Rate Survey』
(http://www.kpmg.com/Jp/ja/knowledge/Pages/tax-survey2015.aspx)

節税効果は36億ドル。したがって87億ドルは大した金額ではないということです。

そもそも主要国の法人税率はどれくらいなのかを示したのが図3―4です。

アイルランドが一番低く12・5％です。アイルランドがEUに加盟するとき、12・5％は低すぎる、けしからんと言われて、いずれEUの平均である25％にするという約束をさせられました。しかしここまで世界中から様々な会社がアイルランドの低い税率を目当てに入ってきてしまったら、今さら25％にはできません。ですから、アメリカにやめてくれと言われても、12・5％のままとぼけ続けるでしょう。

アイルランドに次いで低いのが香港で、16・5％。次いでシンガポールの17％、ポルトガル19％、イギリス20％です。

日本は2011年時点で39・54％。2015年で32・11％まで下がり、2016年度からは29・97％にすると言っています。安倍首相は法人税率を下げた分で設備投資をしろ、賃上げしろと言っていますが、勘違いもいいところです。30％を切ったくらいで日本が企業にとって魅力ある国になるということはありません。ヨーロッパの法人税率の平均は25％であり、法人税率30％切りなどは、何の効果もないのです。

3－4　主要国・地域の法人税率（2015年）

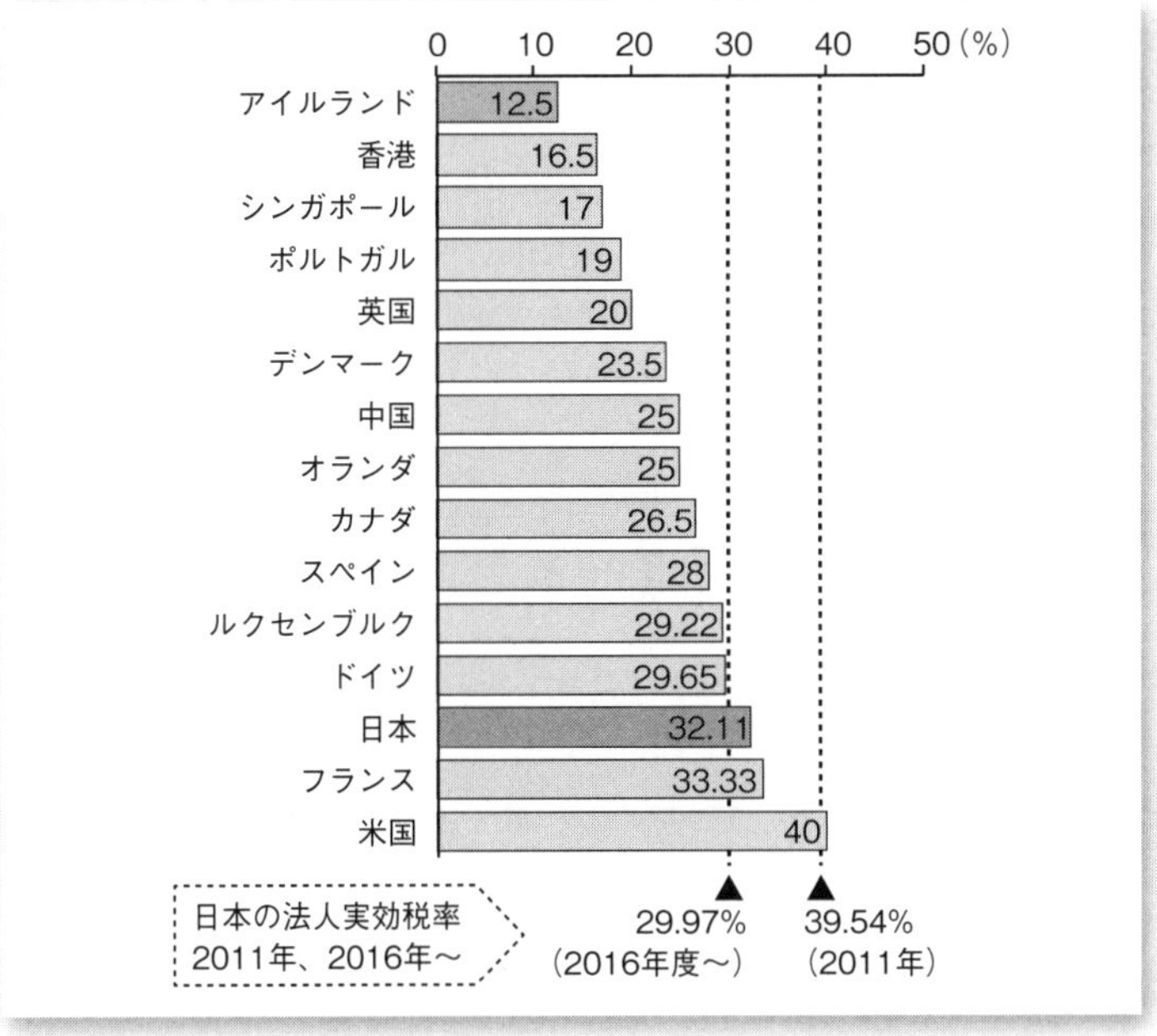

アイルランドは主要国のなかで最も法人税率が低いため本社移転先として選ばれている

※資料：日経BP社『日経ビジネス』2015/12/7、
KPMG『2015 Global Tax Rate Survey』
(http://www.kpmg.com/Jp/ja/knowledge/Pages/tax-survey2015.aspx)
©BBT大学総合研究所

02

日本の法人税率は90％にしなさい

大手町、永田町を支配する悲しき人々

法人税率というのは純利益に対してかけるもので、税率を下げることで残るのは、内部留保する分と株主への配当です。設備投資や人件費は経費なので、ＰＬ（損益計算書）上は法人税率に影響を受けませんし、投資誘発にはつながりません（図3―5）。

ところが安倍首相は何を勘違いしたのか、向こう5年で10兆円の設備投資をすると言い出しました。経団連（日本経済団体連合会）会長の榊原さんは、なぜそれを黙っ

3－5　日本企業の税引き前純利益の分配
（全産業：金融保険業を除く）

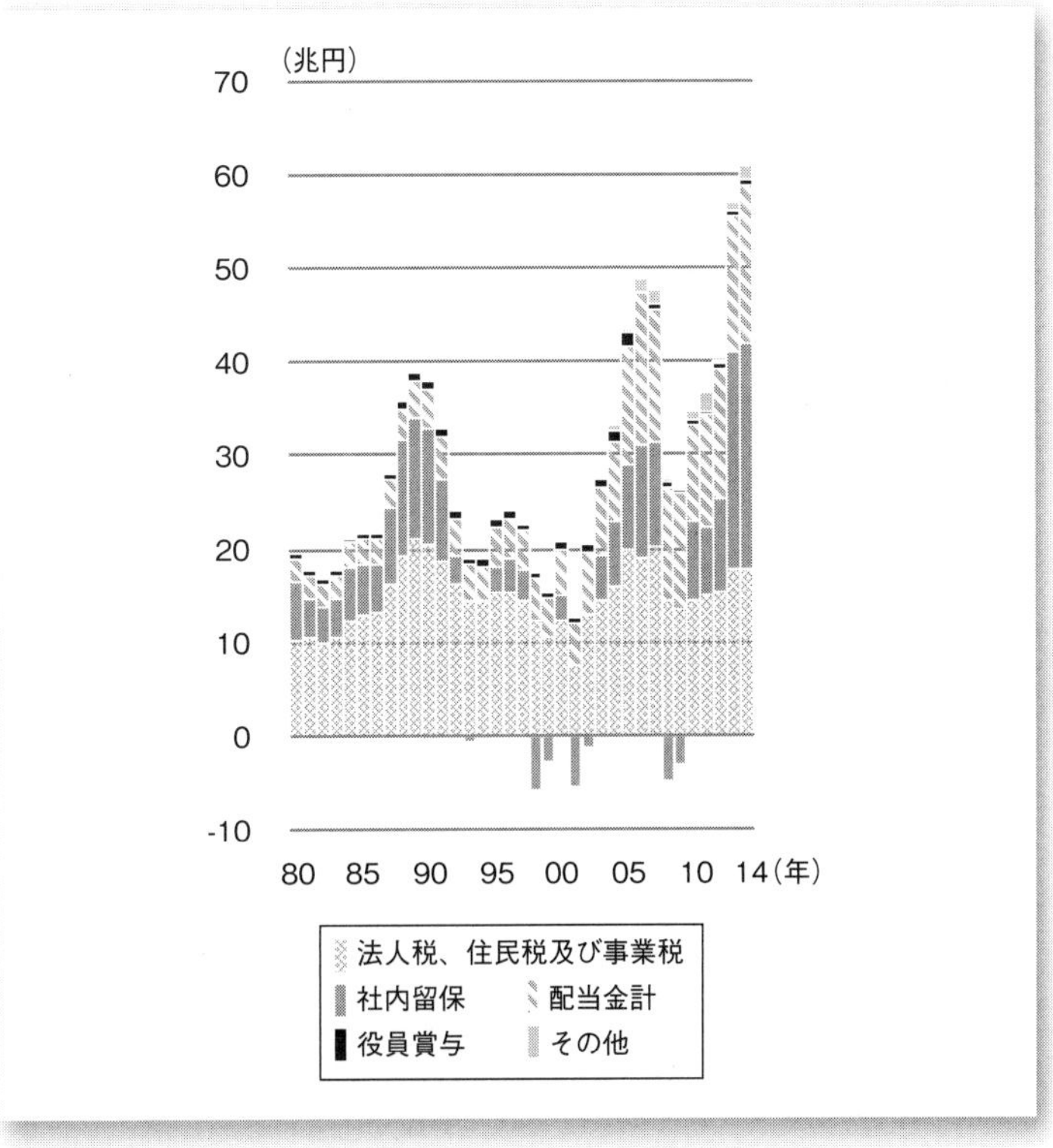

※資料：日本経済新聞社『日本経済新聞』2015/12/3、財務省法人企業統計
(https://www.mof.go.jp/index.htm)
©BBT大学総合研究所

て聞いていたのか。３５４兆円の内部留保を持っていて、５年で10兆円の設備投資などと言われたら、ふざけるな！　と言わないといけないのに「ぜひお願いします」と言っています。こういうトンチンカンな考え方の人々が大手町、永田町を支配していると思うと、あまりのレベルの低さに怒りを通り越して悲しくなります。

法人税率は90％にすべきなのです。そうすれば経営者も、国に金を持っていかれるくらいだったら必要な投資でもするか、かわいい社員の給料を上げてやろうかと思うに決まっています。法人税率を下げて、投資と賃金に回った国はなく、日本は法人税率が50％近いときに最も活発に投資していたのです。今は投資する必要がない、ニーズがないからやらないだけなのです。私が経団連会長なら、首相に「安倍さん、それは間違っていますよ。**もっと投資したくなるような国を作ってください**。それが政治家の仕事でしょう」と言います。10兆円などという金額は誤差の内です。

今の日本の政治と経営には、あまりにも緊張感がなさ過ぎます。法人税率を下げるから外国の企業さん、ぜひ日本に来てくださいと言っていますが、それは10％台になってから言うことです。大手町のおじさんたちは分かっていません。

3－6　日本企業の人件費と経常利益（全産業：金融保険業を除く）

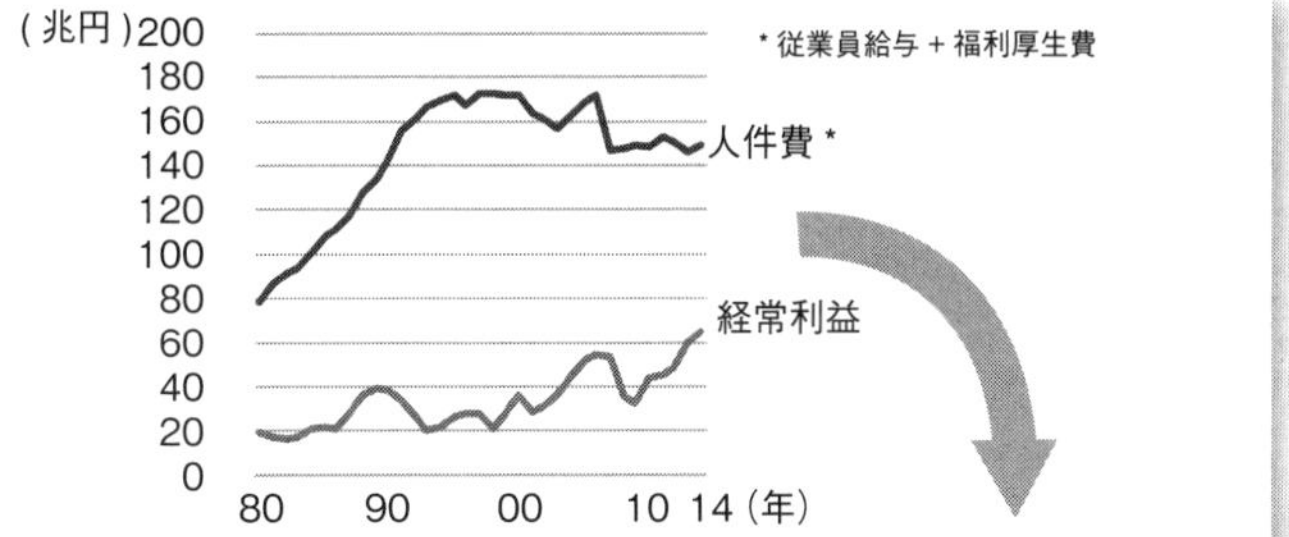

・もし影響を受けるとすれば、法人税率が高いほど、人と設備に投資しようというインセンティブとなる
・現に法人税率を39.54%から32.11%まで下げても、設備投資などは反応しなかった
・また40%を超えていたときには設備投資を積極的に行っていた。成長期待があったからだ
・日本が29.97%になったところで「高い方の国」には変わりがないので企業を呼び込む力にはならない
・政府は企業にどう投資するか頼むのではなく、投資したくなる国にしていかなくてはならない

法人税は純利益に対する課税なので、配当と内部留保に回る（回しているのではなく、そういうもの）。政府の期待する設備投資と人件費は経費なので、PL上は法人税率に影響を受けない

※資料：資料：日本経済新聞社『日本経済新聞』2015/12/3、財務省法人企業統計
(https://www.mof.go.jp/index.htm)
©BBT大学総合研究所

03

不思議の国、大国アメリカの病と苦悩

分かっているのにできない国、アメリカ

アメリカの企業というのは、本当にアメリカ企業なのかというくらい、自分の国に税金を払っていません。アップルCEOティム・クックがアメリカの議会に呼ばれて「お前の会社は、何でアメリカに来て税金を払わないんだ」と聞かれて、堂々と「法人税が高いからです。法人税を安くしてくれたら帰ってきます。違法なことは何もやっていません」と言いました。これにはアメリカ議会もかなり頭にきたようですが、

確かに違法ではないので結局何も言えませんでした。

アメリカのグローバル企業の多く、ブルーチップと呼ばれる優良企業の多くは、M&Aを通じて本社をアイルランドに移すなどして、アメリカの40%という高い法人税率を逃れています。アメリカ政府はこれを取り締まる方法がない状況です。

同様にアメリカの金持ちはバミューダ諸島やケイマン諸島などにお金を置いていて、やはり実質的にはあまり税金を払っていない。したがってアメリカという国は基本的に自分のところの金持ちと金持ち企業から税金を取れないという、**とんでもない欠陥国家**になってしまっているのです。しかもその人たちが政治献金しているので、強硬な手段にも出られません。このように、アメリカというのは分かっているのにできないことがたくさんある国なのです。

例えばガンコントロール（銃規制）もそうです。ご存じのように、アメリカでは毎日のように銃による事件が起こり、集団銃撃事件も多発しています。これはアメリカの病気と言ってもいいのですが、これまでガンコントロールについて語る人も提案する人もいませんでした。最近やっとオバマ大統領が銃規制を推進すると言っていますが、この国で本当に銃規制ができるのかは疑問です。ドナルド・トランプ氏が、パリのテロのとき、「全員がピストルをポケットに忍ばせていたらあんなことにはなっていなかったはずだ」などと言って聴衆から喝采を浴びているくらいですから。アメリカという国は、世界最強の国家だと言いながら、よく見ると随分とおかしなところがある国です。

凄まじい、アメリカ企業の課税逃れ

アメリカ企業の問題に戻ります。アメリカのグローバル企業が海外で保有する資金額は相当なものです。**課税を逃れるためアメリカにお金を持っていない**のです。

図3―7は、アメリカの主要企業が海外で保有する資金額です。1位はアップルで、20兆円近くあります。2位はブルーチップの中のブルーチップ、GE。次いでマイクロソフト、ファイザー、IBM、メルク、ジョンソン・エンド・ジョンソン、シスコシステムズ、エクソンモービル、グーグルと、優良企業が名を連ねています。

また、海外収益に対する課税率を見ると上のほうは皆ゼロ(図3―8)。一番課税

3－7　米主要企業が海外で保有する資金額

(2014年)

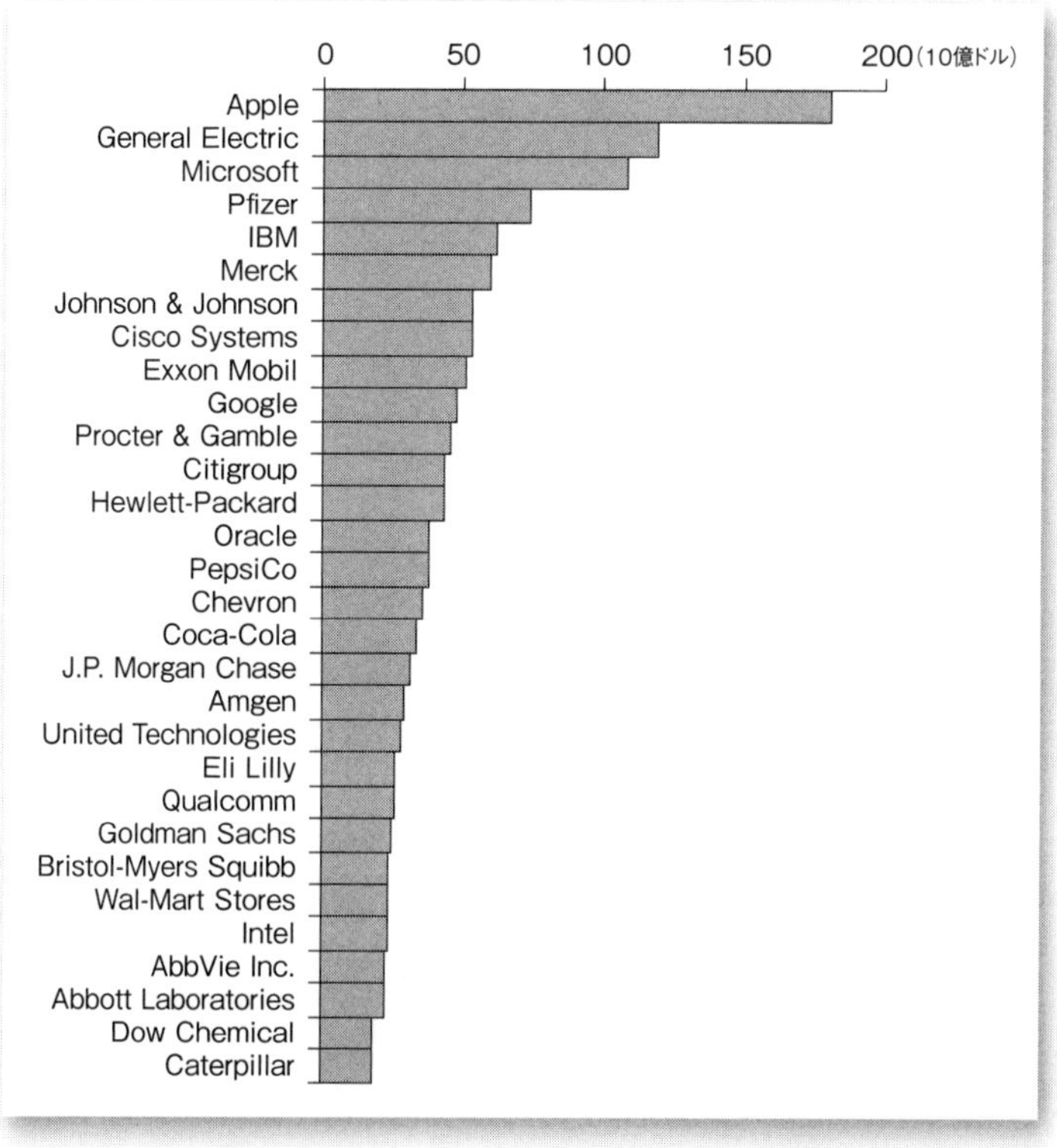

※資料：Citizen for Tax Justice『Offshore Shell Games 2015』
(http://ctj.org/ctjreports/2015/10/offshore_shell_games_2015.php#.Vpy1qvmLTIU)
©BBT大学総合研究所

率の高いバンク・オブ・アメリカで8・8%です。アメリカの法人税率は40%ですから8・8%など安いものです。ちなみに日本企業の場合、ほとんどの会社は国から言われたままの課税率の法人税を払っています。それを逃れているのは日本電産などごく一部の企業だけです。アメリカは自国の企業からまともに税金を取れなくなっています。合法なので、何とかしたくてもどうにもできません。

グローバル企業の課税逃れがどのくらいすごいのか、アメリカの経済誌『フォーチュン』が2015年11月1日号で「21世紀企業の特徴」という特集を組み、公表しています。それによると「世界企業の72%はタックスヘイブンを使っている。250兆円がオフショアに備蓄され、**毎年20兆円以上が課税を逃れている**」ということで、とんでもない状況です。アメリカの企業がこんなことをやっていて合法だというのは、日本では考えられないことです。これではアメリカが債務超過になるのは当たり前です。

今世界では「特定の国に所属する」という意識が乏しい企業、**「本社は地球全体」**という意識を持った企業が急増しています。そしてこれらの企業の発想をよく観察すると、そこから新しい企業、**「21世紀企業の染色体」**といったものが明らかになってきます。

3－8　米主要企業の海外収益に対する課税率（2014年）

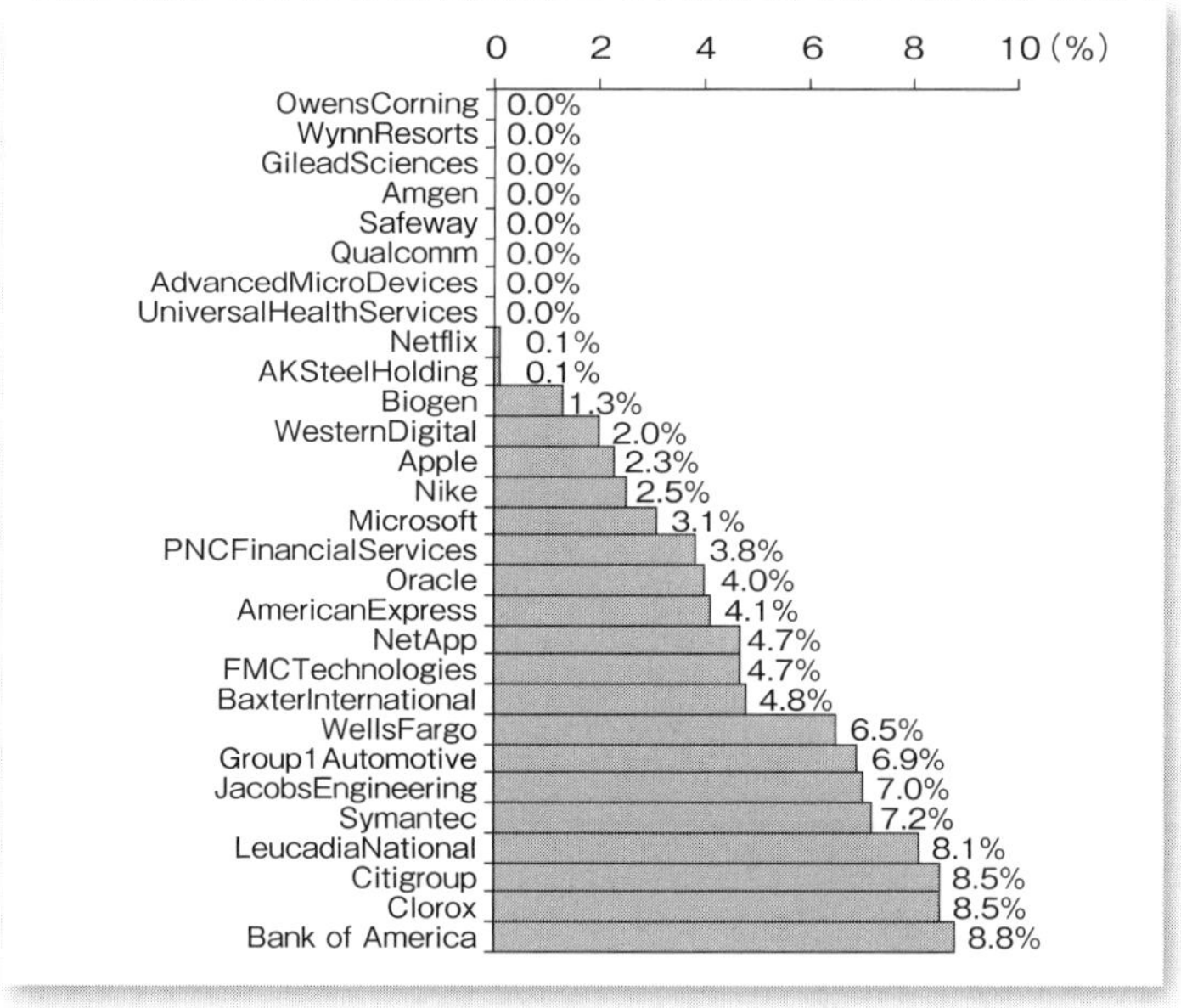

米グローバル企業は、タックスヘイブンを活用して節税しており、米国は金持ち企業や個人などから税収を得ることができていない

※資料：資料：Citizen for Tax Justice『Offshore Shell Games 2015』
(http://ctj.org/ctjreports/2015/10/offshore_shell_games_2015.php#.Vpy1qvmLTIU)
©BBT 大学総合研究所

04

スマホで短期間に世界制覇。21世紀企業の代表格「Uber」

創業からわずか5年で世界制覇したUber

21世紀企業とは一体どんな企業なのでしょうか。その代表が今何かと話題のUber（ウーバー）。スマートフォンをベースにしたタクシー配車サービスです。Uberのサービスを運営するウーバー・テクノロジーズは、創業から数年の会社ですが、世界58カ国、300都市でサービスを展開する大企業へと成長しました。

2010年にサンフランシスコの街でスタートして、12年にアメリカ全土をカバーしてヨーロッパに進出しました。その後13年にはアジアにも進出。14年には全世界に広がり、驚くべきことに、たった5年で世界制覇が完了してしまいました。

なぜUberが21世紀企業なのかと言うと、キーワードはスマホにあります。スマホというのは世界中どこへ行ってもiOS（アップル）とAndroid（グーグル）のシステムを使っています。どこの国へ行っても、**世界共通のシステムで動く**のです。ですからUberのようなサービスは、新たにサービスを展開する国や地域で、現地に会社という建物を作って展開する必要がありません。

Uberはもともとサンフランシスコで創業した会社ですが、今までのアメリカ企業のように、まずアメリカで事業を拡大して、各地に支店を作って、海外進出する場合は現地に事務所や代理店を作る、といったステップを踏まなくていいのです。日本に進出しようとするときにも、すべてスマホベースでやりますから日本支社を作る必要がありません。

スマホ内で完結するUberの決済システム

図3―9を参考に、Uberの経営システムがどうなっているかを説明しましょう。

①は日本でタクシーを利用する皆さんです。スマホを使ってタクシーを呼びます。乗客がUberを使って決済するときは、②のオランダにある会社で行います。皆さんのスマホはオランダの会社と直接決済のやり取りをするのです。このオランダにある会社は自分のところの取り分を2割抜いて、③のオランダにある業務会社を通じて売り上げの8割を④の日本のタクシー運転手に払います。このオランダの会社はクラウドコンピューティングを使って、全世界どこのタクシーでも同じように決済処理を行います。

②の会社は、経費を抜いて残ったお金を全部⑤のバミューダ諸島にある会社に送り込み、利益は全部、**課税ゼロのバミューダ諸島に蓄積**されます。

ここで、⑥のサンフランシスコ本社を忘れてはいけません。本社は技術開発をしたので、技術料を1・45%だけ取ります。アメリカ企業としては1・45%しか収益が発

3－9 「Uber」会社のシステムが“無国籍”。サイバーシステム上に構築

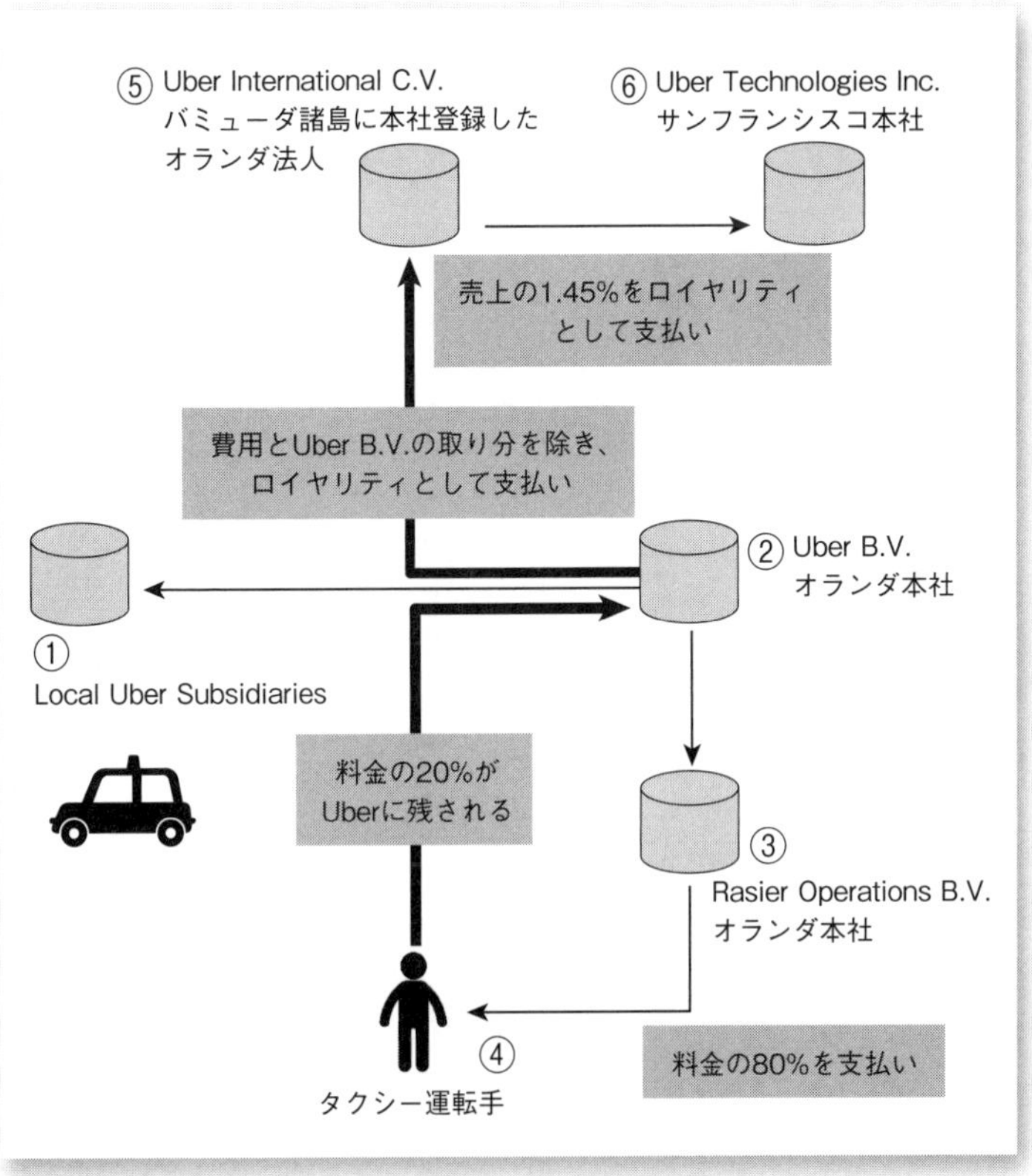

※資料：FORTUNE「How Uber plays the tax shell game」

生しないので税金がかかりません。

こうして、もしあなたが日本でUberを利用した場合、すべて**スマホの中だけで決済が完結**します。Uberの海外でのサービスは、日本支社とかイギリス支社とかいった会社がやっているわけではないのです。

運転手は売り上げの8割をもらうと言いましたが、普通にタクシー会社に勤めたら大体5割は抜かれます。ところがUberでは8割ももらえるので、運転手もハッピーです。しかもお金はスマホを介して自分の口座に入金されますから、運転手は現金を持っておらず、強盗に襲われる心配もありません。

05

「無国籍サイバー企業」の時代がやってきた！

染色体変異を起こした企業たち

Uberのようなシステムのビジネスなら、そこが東京だろうとヨハネスブルグだろうとロンドンだろうと関係ありません。**宿泊施設のマッチングサービスで話題のAirbnb（エアビアンドビー）**も、似たようなシステムで運営されています。

今私が学長を務めるBBT大学で提供している「実践型経営トレーニング」を書籍

化した『BBTリアルタイム・オンライン・ケーススタディ』という定期刊行本でAirbnbを取り上げたことがあります。掲載号をAirbnbの日本代表に進呈しようと思い、ネットで名前や住所を調べたのですが、日本の代表者の名前は出ているものの、住所が書かれていない。仕方がないのでメールを送ってどうにか送付先住所を教えてもらいましたが、それは正式にはオフィスの住所ではありません。つまり日本オフィスがないのです。これが21世紀、**無国籍のサイバーシステム上のグローバル企業**の姿です。

Uberやairbnbのように、21世紀の企業というのはサイバーシステム上でオペレーションをしていて、こんな姿をしているのです。

こうした21世紀企業は、**「新しい染色体を持った企業」**と言ってもいいかもしれません。21世紀の企業は、20世紀の企業とは明らかに染色体が異なるのです。このように染色体が変異してきたのは、スマホという、**生態系の中で世界共通のシステムを使うようになったから**です。ですから、これからスマホを使って新しいビジネスをやるのであれば、ほとんどの会社はこうしたやり方でやればいいのです。

すると、その会社は生まれた瞬間から支社や現地法人を地球の裏側に作ることができる。お金は税制の面で優遇されているオランダやアイルランド、バミューダ諸島などに送って処理すればいい。人材はクラウドソーシングでＯＫ。優秀なＩＴ人材がたくさんいることで有名なベラルーシに能力があって暇な人間がいたら、その人をスタッフとして使えばいいのです。完全にサイバー組織ができて、瞬時にグローバル企業になれます。

Uberのように、たった5年で全世界をオペレーションするのも夢ではありませんし、上場しなくても資金が集まり、**2〜3年で収益が出て黒字化**できるのです。

06

染色体変異した「ユニコーン（一角獣）企業」とは？

上場する必要のない世界企業たち

UberやAirbnbのように、未上場であるにもかかわらず非常に高い評価を受けている企業は**「ユニコーン企業」**と呼ばれ、注目を集めています。ユニコーン（一角獣／額に1本の角が生えた馬に似た伝説の生き物）のように滅多にお目にかかることがなく、投資家にとって巨額の利益をもたらす可能性のある夢のような企業です。

図3―10は、評価額が100億ドルを超えたユニコーン企業（アメリカの未上場ベンチャー企業）の一覧です。

上から6兆円のUber、3兆円を超したAirbnb、CIAも活用しているビッグデータ解析ソフトのパランティール・テクノロジーズ、写真や短い動画の共有アプリを提供しているスナップチャット、ロケットや宇宙船を開発しているスペースXなどが名を連ねています。また、写真投稿に特化したSNSを運営するピンタレスト。これらが**時価総額1兆円を超える未上場企業**です。

これらの会社はもはや上場する必要がありません。もしかしたら、どこかもっと大きな会社に売りつけて、自分たちはまた次の新しいことをやるかもしれません。したがって、こうした企業の利益配分に株を通じて皆さんが参加できる可能性はゼロです。ごく少数の人たちが儲かる仕組みになっているのです。

フェイスブックが上場したときには、アイルランド出身の有名なロックバンド、U2のボノが株を持っていたことに驚きましたが、そのようにせいぜい数十人くらいが巨万の富を手に入れて、彼らがまた次の企業に参加して莫大な利益を得ていくという形になっています。

このような、これまでと染色体の違う企業、ユニコーン企業がこのところ急増しています。こうした会社の多くがスマホ上で展開している。これが非常に重要な点です。

3－10 「100億ドル超え」の米国の未上場ベンチャー企業

企業名	企業価値	事業内容
ウーバーテクノロジーズ	510億ドル	タクシー業務をしたい個人ドライバーと顧客を仲介
エアビーアンドビー	255億ドル	空き部屋を貸したい人と旅行客を仲介
パランティール・テクノロジーズ	200億ドル	ビッグデータ解析ソフト。CIAが活用
スナップチャット	160億ドル	写真や短い動画の共有アプリ
スペースX	120億ドル	ロケットや宇宙船を開発。テスラモーターズCEOが共同創業者
ピンタレスト	110億ドル	ネット上の写真投稿・共有に特化したSNS
ウィワーク	100億ドル	コワーキング（協働）スペース
ドロップボックス	100億ドル	写真・文書をネット経由で保存・共有

評価額が10億ドル（約1,200億円）以上で、未上場の「ユニコーン企業」に注目が集まっている

※資料：日本経済新聞社『日本経済新聞』2015/6/7、
WSJ『The Billion Dollar Startup Club』(http://graphics.wsj.com/billion-dollar-club/)
©BBT大学総合研究所

07

成熟時代のビジネスモデル「アイドルエコノミー」

空いているものを活用する「アイドルエコノミー」がキーワードに

これまで私は、10年に1回くらいのペースで、経営に関する新たなキーワードを提示してきました。自著『企業参謀』で提示した「3C分析」、その後提示した「Borderless World（国境なき世界）」「Invisible Continent（見えない経済大陸）」に次ぐ新しい概念として、今、私は「アイドルエコノミー」という考え方を提唱しています。「Idle」とは、「使用されていない」「遊んでいる」という意味の形容詞です。今、特に先進国ではものが溢れています。一方で、その操業度が不足している。つまり、**ものばかりがたくさんあって、それを使う人がいない状態**なのです。そして実はインターネットの発達によって、「使われていないもの」を簡単に見つけることができるようになっています。インターネットで、空いているものと、それを必要とする人をつなぐことで、それまで無駄になっていたものに新たな価値が生まれるのです。需要と供給を特別な価格で結びつけ、**アービトラージ（サヤ取り売買）で利益を得る経営戦略**、それが「アイドルエコノミー」です。

自動車、家電、住宅…増え続ける「アイドル」

図3―11を見ていただきたい。日本では、自動車、家電、住宅の普及率は非常に高く、自動車は世帯あたり1台を超えています。しかし、今この瞬間、日本中の自家用車をカメラでパッと映したら、動いていない車のほうが圧倒的に多いでしょう。つまりこれが「アイドル」です。

家電製品も同様です。温水洗浄便座などはその最たるもので、ほとんどの時間は使われていません。さすがに空いている温水便座をビジネスに結びつけることは難しいと考えるかもしれませんが、実はアメリカに「Airpnp」というサービスがあります。トイレを貸したい人が登録しておくと、借りたい人が地図で検索して利用することができるのです。笑い話のようですが、先進国ではそれほどアイドルエコノミーが一般的になっています。

図では総住宅数と空き家率も示しています。13・5％が空き家である国はほとんどないのですが、日本は少子高齢化で人口減少が進んでいきますから、今後もこの割合は増えていくでしょう。もはや**35年ローンを組んで４０００万円で新築の家を買う必要はまったくなくなって**いきます。空いている家を使えばいいわけですから。

3－11　自動車、家電、住宅の普及状況

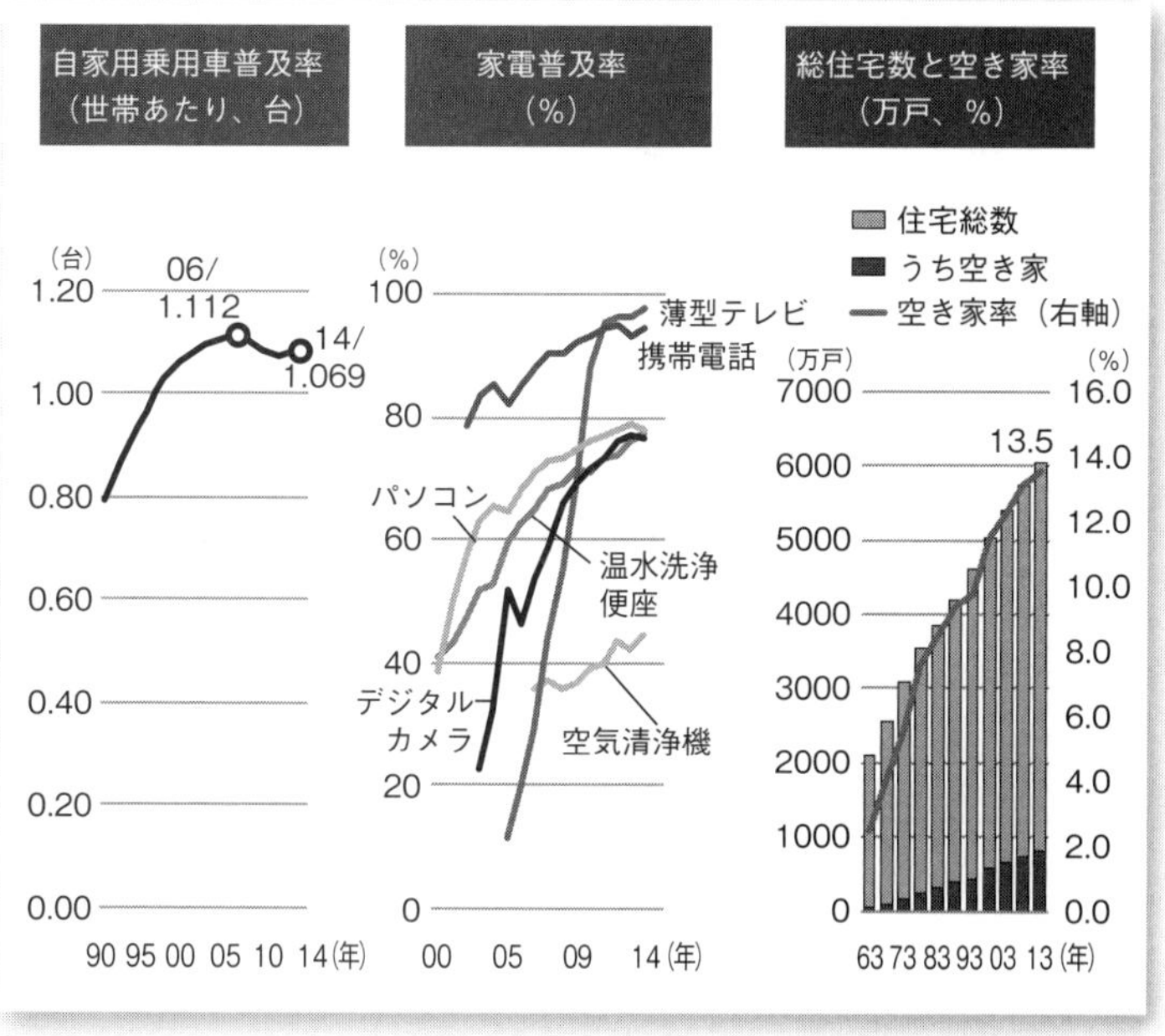

自動車、家電、住宅の普及率は高く、今後も大幅な販売増加は見込めない状態にある

※資料：自動車検査登録情報協会（https://www.airia.or.jp/）、
内閣府『消費動向調査』（http://www.esri.cao.go.jp/jp/stat/shouhi/menu_shouhi.html）、
総務省統計局『住宅・土地統計調査』（http://www.stat.go.jp/data/jyutaku/2013/tyousake.htm）
©BBT大学総合研究所

08

「シェア」の時代から「所有しない」時代へ

「シェア」の概念を変えるアイドルエコノミー

高度成長期の日本は、製品を「売る」「買う」「使う」ことを繰り返して驚異的な経済成長を成し遂げました。しかし、立ち止まって振り返ってみると、今や使われていないものばかりが周囲に溢れ、現在の日本はものが売れない時代に入っています。新しいものは買わないけれど、「ちょっとこんなことがしたい」というささやかな願望はある。それがスマートフォンで簡単に使えるサービスであれば使ってみたい――ここにアイドルエコノミーの事業機会が生まれるのです。

図3―12を見てください。成長期の販売モデルが成り立たなくなった先進国では**「シェア」の時代**がやってきます。人々が持っているリソースをマッチングするというやり方です。カーシェアリング、シェアハウス、駐車場のシェアなど様々なビジネスがありますが、何であれ「所有しているものを他の人に使ってもらう」という考え方です。

ところがシェアモデルからさらに進化したアイドルエコノミーでは、自分で所有する必要がないのです。空いているリソースの情報を使いたい人に提供してアービトラージし、利益を得ます。このように、自分が固定費を抱え込まなくていいというやり方が有効になっているのです。

3－12　新しいシェアモデル「アイドルエコノミー」

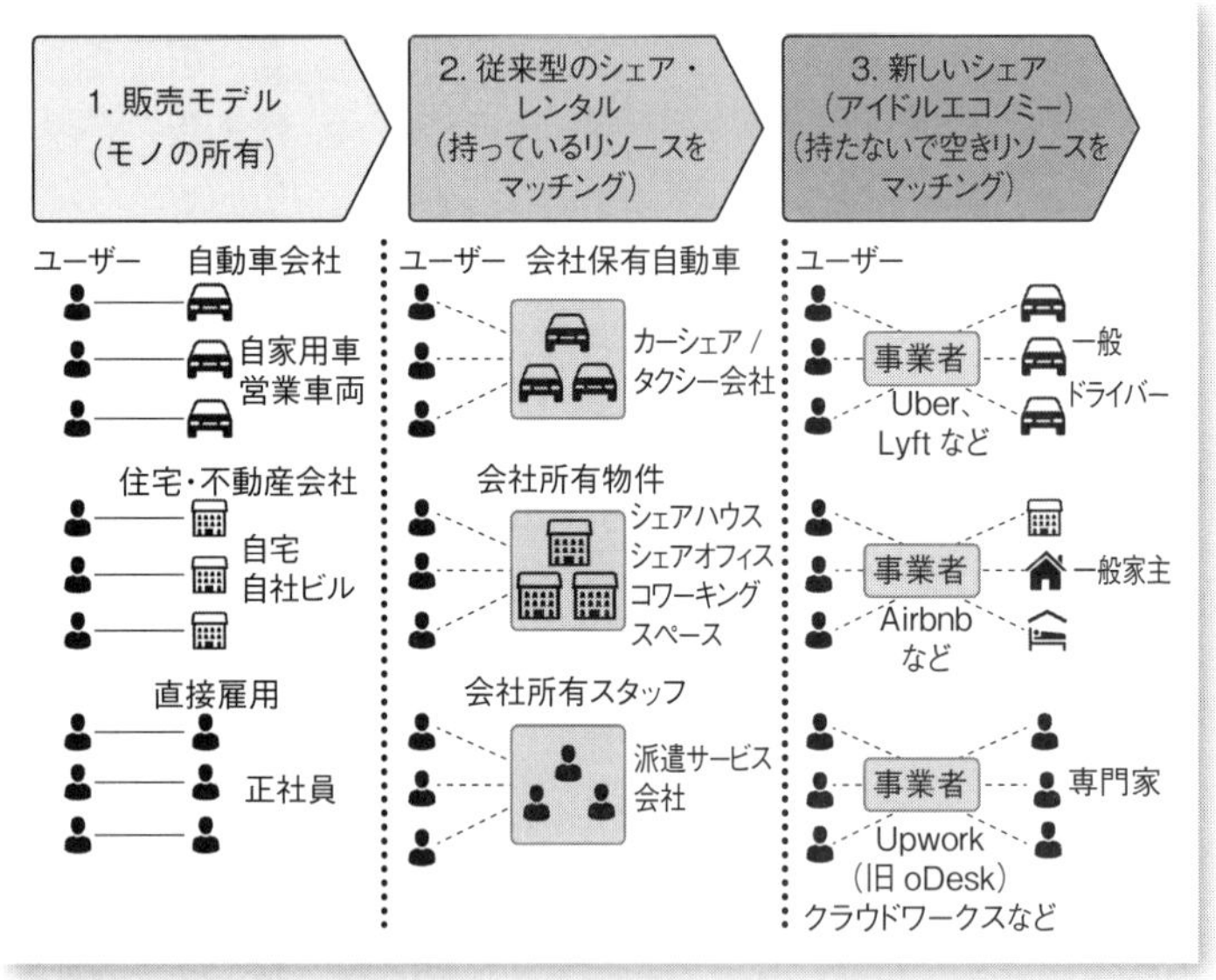

シェアの概念が変わりつつあり、自らはリソースを持たないで空きリソース（IDLE）をマッチングさせるアイドルエコノミー（IDLE ECONOMY）が出現している

※資料：各種文献・記事より
©BBT 大学総合研究所

09

ネットビジネスで成功する鍵とは?

インターネットがエージェント(代理店)になる

メーカーが物を作り、販売会社や代理店を通じて販売するのが、従来型の一般的なビジネスモデルです。しかしアイドルエコノミーにおいては、インターネットが代理店、エージェントの役割を果たします。この方法で急成長する会社が増えています。

この新しいやり方では、後続の競合相手に追い抜かれないために、先行者がかなり注意深くビジネスモデルを作る必要があります。インターネットオークションサービス「ヤフオク！」の例においても、これまでになかったビジネスモデルですから、最初は当然、利用者の間でいろいろなトラブルが起こります。しかし、購入者が出品者を評価する仕組みを用意しておき、「この人との取引はスムーズでした」「あの人が売っているのはまがいものです」など、口コミによるレピュテーション（評価・評判）が定着してくると、信用できないユーザーは淘汰されていきます。

このように、互いの顔が見えないインターネット上でも信頼して取引できる仕掛けを作れば、皆がその場所を利用するようになり、勝ち抜けることができます。これが**「インターネットをエージェントとして利用する」**ビジネスの成功の鍵になります。

既存の業界秩序を破壊するアイドルエコノミー

インターネットをエージェントとして利用することで、アイドルエコノミーはあらゆる業種に急速に広がっています。図3—13を見てください。

タクシー業界では、先ほどお話しした配車アプリの「Uber」。ホテル業界では、個

3－13　業界秩序の破壊事例

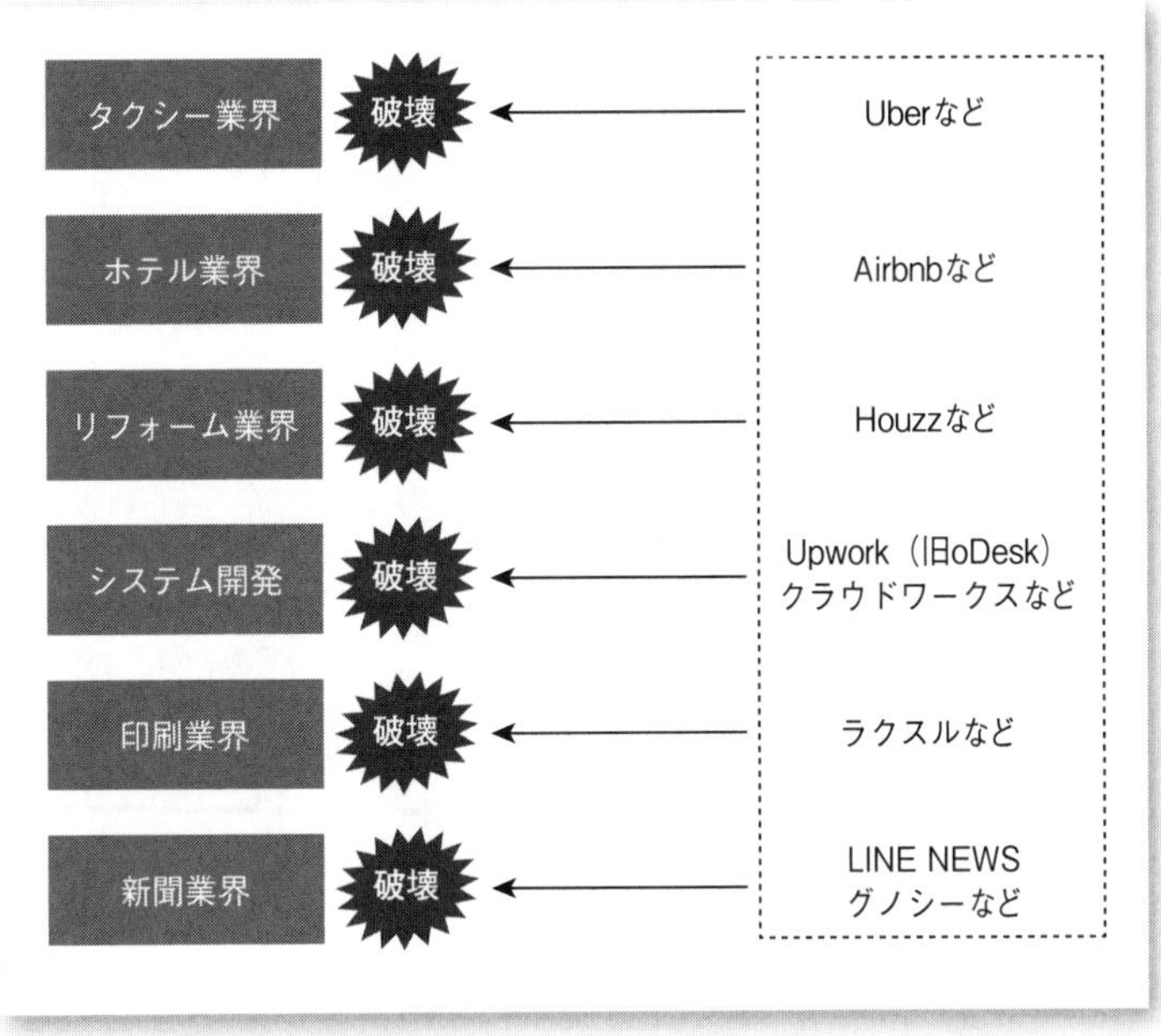

新しいアイドルエコノミーを活用したプレイヤーが、業界秩序を破壊するほどの影響力を持つようになった

※資料：各種文献・記事より
©BBT大学総合研究所

人の所有する空き部屋を仲介するビジネスモデルで世界第5位のホテル予約サイトに上りつめた「Airbnb」。リフォーム業界では、リフォームしたい人と専門家をつなぐ「Houzz」。システム開発では、世界最大のクラウドソーシング企業「Upwork（旧oDesk）」を筆頭に、プレイヤーが次々と参入しています。日本では「クラウドワークス」が最大手です。印刷業界では日本の「ラクスル」に資本が集まっています。自社は印刷機械を持たず、印刷会社の空いている機械を活用してチラシや名刺などを印刷するというビジネスモデルです。

メディア業界にも大変革が起こっています。「LINE NEWS」や「グノシー」など、自社に記者を置かずにニュースを集めてくる、いわゆるニュースキュレーションサービスの台頭です。「LINE NEWS」や「SmartNews」のアプリダウンロード数は、今や読売新聞の発行部数を上回っています

このように、**インターネットをエージェントにしたアイドルエコノミー**というものが、ここ数年の間に、驚くほどたくさん出てきているのです。

第4章

日本経済「低欲望社会」をどう生きるか？

01

明暗を分けるオールドチャイナ組とニューチャイナ組

自動車、電気機器は好調。鉄鋼、石油は低迷

ここからは、ここまで見てきた世界経済、世界情勢の動向を踏まえて、これからの日本はどうあるべきなのかを考えていきます。まずは日本企業の動向を業種別に見てみましょう。

図4―1は、業種別・上場企業の上半期最終損益総額。2014年の上半期と2015年の上半期を比較したグラフです。

4－1　業種別・上場企業の上半期最終損益総額
（新興市場・電力・金融等除く）

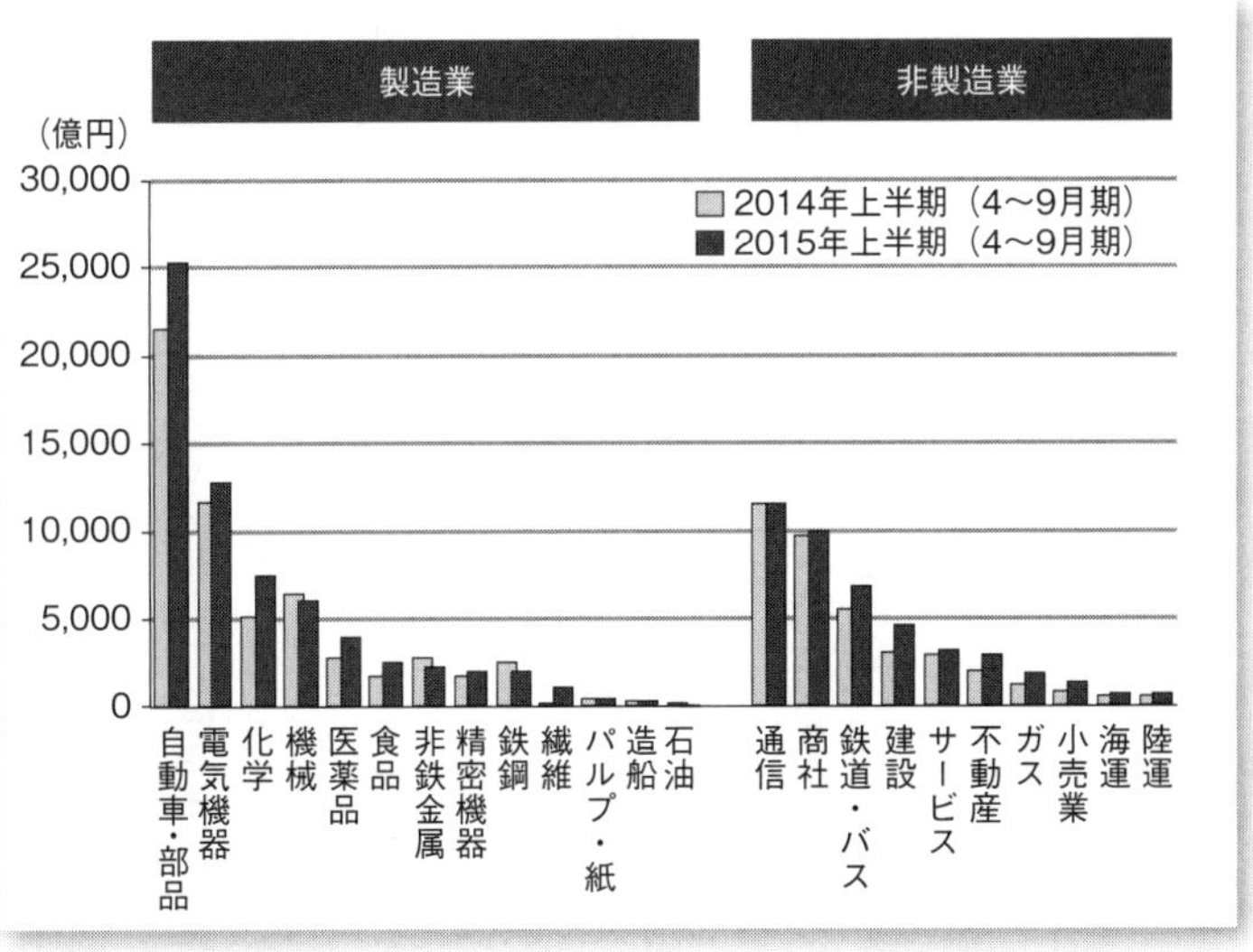

円安・米国需要で業績を伸ばした自動車や電気機器、インバウンド需要を取り込んだ鉄道・バスや小売業が好調、一方、中国の成長鈍化や資源安の影響で鉄鋼や石油は低迷

※資料：日本経済新聞社『日本経済新聞』2014/11/15、2015/11/17
©BBT大学総合研究所

結論から述べますと、好調なアメリカ経済による円安やアメリカ需要で業績を伸ばした**自動車や電気機器**、またインバウンド需要（訪日観光客の需要）を取り込んだ**鉄道・バスや小売業が好調**。製造業では**化学や医薬品が比較的好調**、非製造業では**建設や不動産なども若干上向き**です。一方で中国の成長鈍化や資源安の影響をもろに受けた鉄鋼や石油は低迷しています。

次に、日本企業の中国での企業業績はどうなのかを見てみましょう。

図4―2で示したように、世界の工場「オールドチャイナ」と世界の市場「ニューチャイナ」を比較すると、同じ中国でもオールドチャイナに売り込んでいたＪＦＥホールディングスや日立建機、商船三井、ＬＩＸＩＬグループなどの会社は減益。一方でニューチャイナ、つまり**個人消費の側に食い込んでいるファーストリテイリング、良品計画、ピジョン、コーセー、ＴＤＫといった会社は好調**と、明暗を分けています。

4－2　中国での企業業績

Old China（減益） 鉄鋼や機械は投資抑制などの影響で業績が悪化	New China（増益） 堅調な個人消費やインバウンドは消費関連企業の追い風に
JFEホールディングス（↓64%） 鋼材の過剰生産で市況悪化、採算確保が困難に **日立建機**（↓50%） 油圧ショベルなど建設機械の販売が苦戦 **商船三井**（↓60%） ばら積み船の荷動きが鈍り、運賃市況が低迷 **LIXILグループ**（↓77%） 中国子会社の経営破たんで特別損失を計上	**ファーストリテイリング**（↑5%） 既存店が好調で、年100店ペースの出店を計画 **良品計画**（↑21%） 文房具や芳香器などの販売が好調 **ピジョン**（↑14%） 哺乳瓶やスキンケア関連の販売が好調 **コーセー**（↑59%） インバウンド消費の拡大で化粧品が好調 **TDK**（↑32%） スマートフォンの伸び鈍化も高機能品は需要増

世界の工場「オールドチャイナ」と世界の市場「ニューチャイナ」では、ニューチャイナモデルに乗った企業は恩恵を享受している

注：数字は15年度の連結純利益予想の前期比増減率
※資料：日経BP社『日経ビジネス』2015/11/23
©BBT大学総合研究所

02

国内競争に目を奪われ、世界化に失敗した日本企業

世界市場では「その他」の日本のトップ企業たち

次に、業種別に日本企業の世界シェアを見てみましょう。図4―3、4、5では、ビール、パソコン、石油の世界シェアをグラフに表しています。

このところ日本企業によるM&Aも活発化し、大型案件が増加してはいますが、こうして世界シェアで見ると、どの分野も日本企業のシェアがかなり低いことが分かります。日本企業の問題は、**国内の競争に気を取られすぎて世界を見ていない**、という

ことです。

日本のビール会社を4つ挙げてくださいと言えば、ほとんどの方がすぐにアサヒ、キリン、サッポロ、サントリーと答えられるのではないでしょうか。この4社は、糖質ゼロ、フリー、スーパードライなど、日本国内で熾烈な戦いを繰り広げています。しかし国内で散々戦ってパッと世界に目を向けてみたら、世界シェアトップはベルギーのアンハイザー・ブッシュ・インベブで約21％を占めています（図4―3）。次がSABミラーで約10％。先に述べたようにこの2社がM＆Aで一緒になり、さらに巨大化しました。自分たちはどこだろうと思って見ると、「その他」の中に入ってしまっています。

日本のビールメーカー各社の販売量は世界的に見るとかなり少なく、世界市場全体で見ると地ビールレベルと言ってもいいでしょう。ですから**今から世界に打って出ようと思ってもまったく無理な話**です。もはやそれだけの体力はない。彼らは、国内の過当競争に疲れ果て、世界化に失敗したのです。

パソコンの世界シェア（図4―4）を見ると、日本のメーカーはここでも「その他」です。東芝、富士通、ＶＡＩＯを合わせてやっと４・２％です。

日本経済新聞が「東芝、富士通、ＶＡＩＯが一緒になって日本のトップシェアＮＥＣを抜いた！」などと報じていましたが、世界を見たら「その他」。３つ足してもたった４％であり、はいご苦労様、という感じです。トップは中国のレノボ、次いでＨＰ、デル、台湾のエイスース、アップルと、海外勢に大きく水をあけられています。

次に石油メジャーの売上高（図4―5）を見ると、ここでも日本企業のシェアは低いです。日経新聞の紙面を何日も飾ったＪＸホールディングスと東燃ゼネラル、出光と昭和シェルの経営統合がありました。

「日本はコスモだけが取り残され、完全に２強の時代に入った！」などと注目を浴びていましたが、**世界を見れば完全にランク外**ということです。

4−3 世界のビール販売量シェア
（%、総量：1.9億kl、2014年）

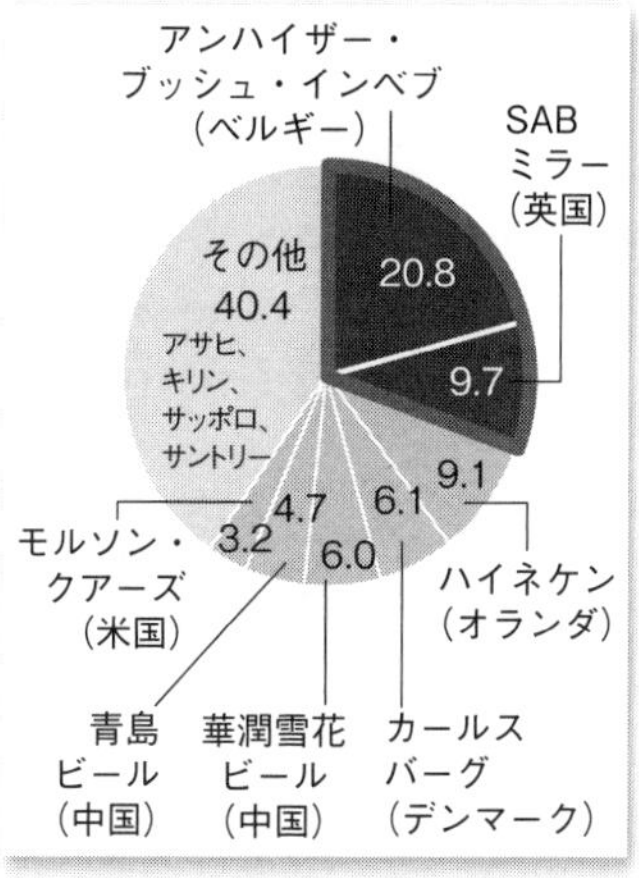

4−4 パソコンの世界シェア
（%、2015年1〜3四半期）

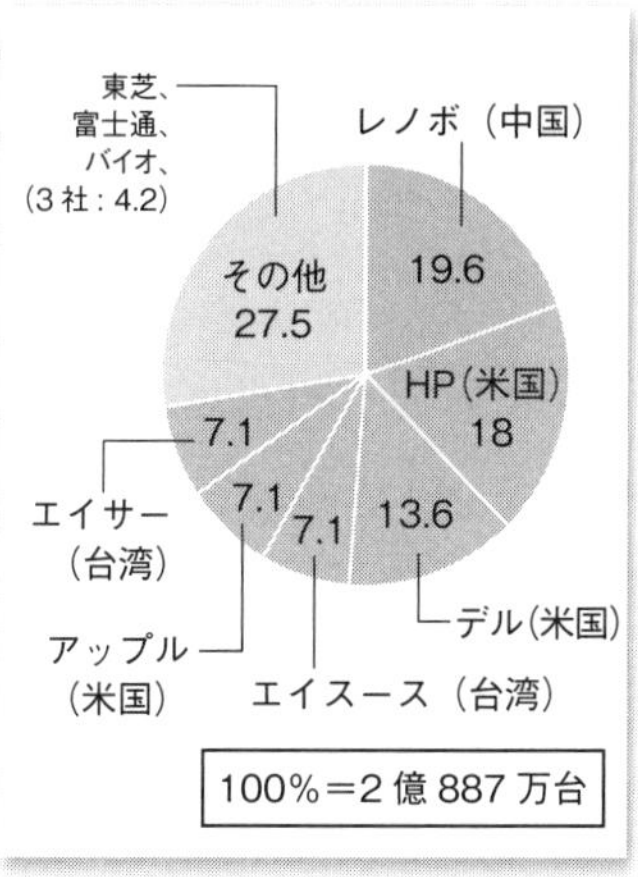

4−5 石油メジャーの売上高
（兆円、2014年度）

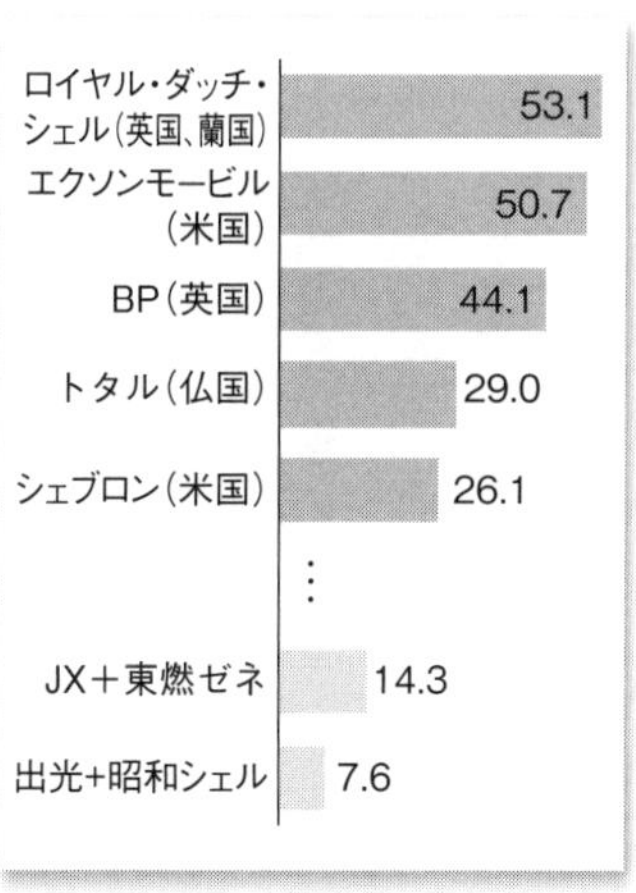

注）2014年度実績。
直近の為替レートで換算。
日本の4社は単純合算

日本企業によるM&Aが活発化、大型案件が増加しているが、日本企業は世界シェアで見ると「その他」

※資料：各種文献・記事より
©BBT大学総合研究所

「日経」を読むと世界が見えなくなる

これが、**国内競争を重視したあまり世界化に出遅れてしまった国内優良企業の末路**です。かろうじて自動車会社やブリヂストン、JTなどは頑張っていますが、ほとんどの企業は国内競争で消耗し尽くし、世界に出て行く力がないというのが実態です。アサヒビールも、もっと早くから世界化を始めていればできたはずです。アサヒビールは1990年代、オーストラリアのビール大手フォスターズの株式をかなり保有していましたが、経営力に問題があり売却してしまいました。しかし、当時のアサヒビールの力をもってすれば、アメリカのクアーズと合併したカナダの大手・モルソンあたりも買うことができたはずなのです。そういうチャンスを逃して国内で熾烈な競争を展開し、気がつけばもう世界の壁は厚すぎる、ということになってしまいました。

日本企業は国内ばかりを見て国内競争に一喜一憂し、日経の記者が来るとニコニコ笑いながら解説をしてあげる。そんなことをやっているから世界が見えなくなるのです。**日経をよく読むと世界が見えなくなる**、ということです。

03

国民よ、日本経済を駄目にした「彼ら」にもっと怒れ！

敗北宣言したノーベル賞経済学者ポール・クルーグマン

日本企業は、日本経済はなぜこんなことになってしまったのでしょうか？

ノーベル賞経済学者であり、日本経済のアドバイザーでもあるポール・クルーグマンは、これまで日本に対して物価目標政策の採用を強く迫ってきました。しかし2015年10月、ニューヨークタイムズに寄稿したエッセイで**自説を変更**しました。

日本はあれだけ市場に爆発的な資金供給をしてゼロ金利にしたのに、あんなに需要が起こらないとは思わなかった。日本に関してはまったく分からないことだらけだ、と**自分の提言をひっくり返す敗北宣言をしてしまった**のです。ポール・クルーグマンの懺悔日記、「日本再考」という記事です。その要点をまとめると、次のような内容になります。

1．日本の量的緩和策（インフレ目標政策）には効果がない

日本の人口動態は、まったく望ましくない状況にある。それが特異なスタグネーションを引き起こしている原因でもある。20年間にもわたりインフレ率が非常に低いということ、また、同じ期間において高水準の財政赤字が続いていたこと、そして、未だにまだインフレの兆候がないことに留意してほしい。日本は、自然利子率のマイナスの状態が永遠に続く国に見える。

2．日本は、労働力人口1人当たりのGDPの伸び率で見れば、良好なパフォーマンスを示している

日本は、過去25年の間に緩やかな成長を遂げてきた。しかし、その原因は人口動態にあった。労働力人口1人当たりのGDPは、2000年以降アメリカよりも伸びている。そして、現時点では、過去25年間の成長率は同じ程度に見える。そして、ヨーロッパよりも日本のほうが優れている。

3．インフレ目標値はもっと高くすべきであり、それを実現するために思い切った財政出動が必要

財政問題は、これまでのところ深刻な問題を引き起こしていないし、また、日本は、もし財政を均衡させた場合に想定される状態よりも明らかに裕福な状態を保ってきている。しかし、財政赤字のリスクがあまりにも誇張されすぎていると考える我々でさえも、対GDP債務比率を安定化させ、一定のレベルまで引き下げることが必要だと思う（インフレの目的は財政再建のため）。

彼の弟子たち、竹中平蔵や浜田宏一といった人たちは、いつも自分たちが言いにくいことがあるとクルーグマンを首相官邸に連れてきて、「安倍さん、ノーベル経済学賞をもらった人がこんなことを言っていますよ」とやっていましたが、ついにクルーグマンは「ごめんなさい。私は撤退します」と宣言してしまったわけです。

クルーグマンが敗北宣言しているのに、浜田氏や安倍首相はまったく平気な顔をしている。**国民はもっと彼らに怒るべき**です。クルーグマンも今になってこれまでの自説を撤回するとは何事か。そう言わねばなりません。

04

国は国民と企業が「金を使う方法」を考えよ

死ぬ瞬間に一番金持ちになる日本人

竹中氏や浜田氏といった人たちは、これまで間違ったアドバイスをしてきました。ここに大きな問題があります。日本人は使う気になったらいくらでもお金を持っているのです。図４―６は、家計の金融資産・現金・預金額の推移ですが、どんどん増え続け、今や１７００兆円を超えています。このお金が**１％市場に出てくるだけで17兆円**です。しかし、皆このお金を使う気もなければ使う場所、チャンスもない。安倍首相は、もっとお金を使えと言っていますが、**使う必要、チャンスがあれば皆使っています**。この点について私がいくら言っても、政治家や経済学者たちは分かってくれません。要するにこの人たちは、個人がどうやったらお金を使うかということが分かっていない。そこが、日本経済の最大の問題なのです。

企業は354兆円を貯め込みました（図4―7）。不況になって1980年時点の50兆円が350兆円になったのです。1989年12月にバブル崩壊が始まりましたが、個人資産はこの25年間で735兆円も積み上がっています。このお金を消費に向かわせればいいわけですが、この資金を強制的に市場に導くには、**資産課税を重くすればいい**のです。すると、じっとしているだけでどんどん目減りしてしまうのですから、それなら人生をエンジョイするために使ったほうがいいな、と皆思うはずです。

「死ぬ瞬間に、ああ、いい人生だった、と思いたくありませんか？　皆さん人生をもっとエンジョイしましょう」と、首相が国民に呼びかけて、その気にさせないと、このお金はマーケットに出てきません。そして「その代わりに皆さんが病気になったら

4－6　家計の金融資産・現金・預金額の推移（年度末）

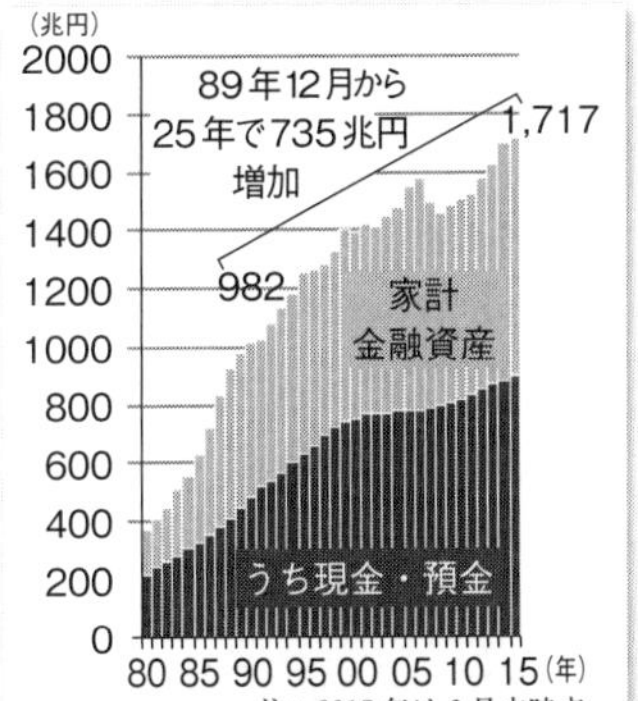

注：2015年は6月末時点

4－7　企業の利益剰余金の推移（年度末）

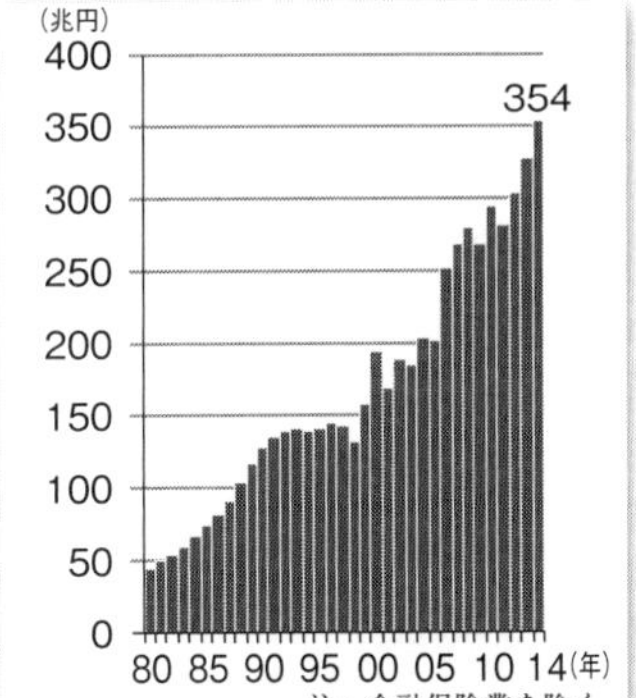

注：金融保険業を除く

- バブル崩壊の開始は89年12月、この25年のデフレ経済下で個人金融資産が982兆円から1,717兆円と735兆円増加
- つまり、成長原資として350兆円も貯めた企業部門と約700兆円も貯め増した個人部門で投資・消費がないことを意味する
- これは先行きに不安を持つ心理経済学そのもの

企業や個人が資金を貯め込む状況は、先行きに不安を持つ心理経済学そのものであり、これを市場に導くには強制的に資産課税をするか、いざという時に国が面倒を見る制度にするしかない

※資料：財務省『法人企業統計』(https://www.mof.go.jp/pri/reference/ssc/)、日本銀行『資金循環』(http://www.boj.or.jp/statistics/sj/index.htm/)

国がとことん全部面倒をみます」と言えばいいのです。

スウェーデンでは貯金をする人がいません。国が面倒をみてくれるのですから、貯金はゼロでいいのです。年金、保険、貯金と3つともすべてやっている、しかも年金の3割を貯金に回している日本人は、死ぬ間際に、自分の人生においてもっとも金持ちになってしまうわけです。日本人は誰も国を信用していません。誰も国の将来が明るいと思っていないのです。日本人は、国が何と言っても絶対に我々を裏切るよねと考えているので、いざという時のために貯金していて、最期にキャッシュが一番貯まるのです。

05

企業は「やけっぱち消費」の金を有効活用せよ

お金はあの世には持って行けない……ではどうする？

昔は生前贈与という制度を使って、生きている間に財産を子供などに譲る人が結構いましたが、今はほとんどの人がこの制度を使っていません。なぜかというと、多くの人たちは、自分の財産を人に譲ってしまったらいざという時に誰も助けてくれないと思っているからです。したがって最後まで抑止力としてこの金を持っている。抑止力としての貯金です。これは統計を取ると非常にハッキリ分かります。この金を何に使いますかと聞くと、ほとんどの人が「それはいざという時のためです」と答えています。昔は子孫に残すという考えがありましたが、今は全然違います。日本人は国を信用していないだけではなく、**自分の子孫も信用していない**のです。

その一方で、人生最期の瞬間にこんなに余ってしまうのなら、もっとこういうことやあんなことをやっておけばよかった、と思っている人も結構います。そこで**「なげやり消費」「やけっぱち消費」**に走るわけです。

この点ではJR九州はよく考えて頑張っています。豪華寝台列車「ななつ星 in 九州」です。3泊4日でお2人様120万円。申し込みの倍率は100倍だそうです。JR九州の前会長・石原進さんにお聞きしたところ、実は超富裕層ではない人が買っているそうです。やはり、「ななつ星」はやけっぱち消費をしようと思っている人が買うのです。

120万円払うのであれば、現地でハイヤーを雇って、同じくらい豪華なプログラムを自分で作って、好きなように旅をしたらいいのです。ただ3日間列車に乗っているだけで120万円も使うのなら、もっと自分のやりたいことを自由にやってエンジヨイしたほうがいいのではないでしょうか。私なら、そうします。

企業側も、個人が持っているお金を有意義に使ってもらうためのライフスタイルの提案や、アイドルエコノミーの発想で余っているもの、空いているものの活用、資産活用など、もっといろいろな工夫や提案をすることが重要です。

例えば生命保険の会社であればリバースモーゲージでもいいですし、金融機関ならアセット・バックト・セキュリティ（資産担保証券）のようなもので、2階建てのものを5階建てにして下3階を貸し出し、将来の賃貸料を抵当に取って、自分たちは4階と5階に住むといった提案ができるはずです。世界中の企業がそういうことをやっています。

もっと世界を見てください。そして頭を使ってください。日本は空き家が13・5％もある国です。これを100軒ほど買い取って補修し、海外からの旅行者に提供する、といったビジネスも可能です。その宿泊施設の管理・運営をやってくれる会社も、スマホを使えば簡単に見つけられます。そういうことをもっと積極的に考えてみてはいかがでしょう。

06

日本社会の「心理」を見誤ったアベノミクス

蜃気楼のごとく消えたアベノミクス

日本の論点としては、アベノミクスについて言及せざるを得ません。まずはアベノミクスの総括をしてみましょう。

●第1の矢「大胆な金融政策」
・日本銀行が黒田バズーカを2発放った結果、円安が進んでデフレ脱却の兆しが見えてきた。

●第2の矢「機動的な財政政策」
・予算膨張、国債発行残高増加でプライマリーバランスは悪化。
・しかし財政出動で刺激しなければ景気はもっと悪くなっていたと思われる。

●第3の矢「投資を喚起する成長戦略」
・給料は確実に上がっているものの、それが消費に回らない。
・結果、15年4〜6月期GDP成長率（年率換算）は実質マイナス1・2％、名目マイナス0・2％になった。

ということですが、アベノミクスは当初の狙い通りの成果をあげられていません。様々な政策を実施してきましたが、いずれも機能していないのです。我々は第3の矢「投資を喚起する成長戦略」に期待しました。経済戦略会議では200ほどの施策が出されましたが、一つとして成果を出しているものはありません。この国の将来に対して企業も投資したくなるような環境ではないのです。

これが、アベノミクスの実態です。**今の日本社会の心理をまったく無視した20世紀型の金利とマネーサプライで経済をコントロール**しよう、という考え方がまったく機能していない、ということです。

皆さんは、もう忘れてしまったかもしれませんが、安倍首相は3年前に「アベノミクスで、2年後にGDPの成長率を2%にします」と言ったのですが、2%という話は蜃気楼のようにどこかへ消えてしまい、しかも都合のいいことにアベノミクスについて誰も何も言わなくなった。新しい3本の矢などと言って、焦点が別のところに行ってしまい、シーズンが変わったのでコマーシャルを変えましょう、といった感じになっています。

今、重要なのは、アベノミクスがなぜうまくいかなかったのかを分析し、その原因を取り除いていくことです。ところが実際は、なぜ思ったような成果が出なかったのか、その原因の追及が十分にされていません。私に言わせれば、アベノミクスは最初

4－8　実質GDP成長率の推移（四半期、前期比、年率換算）

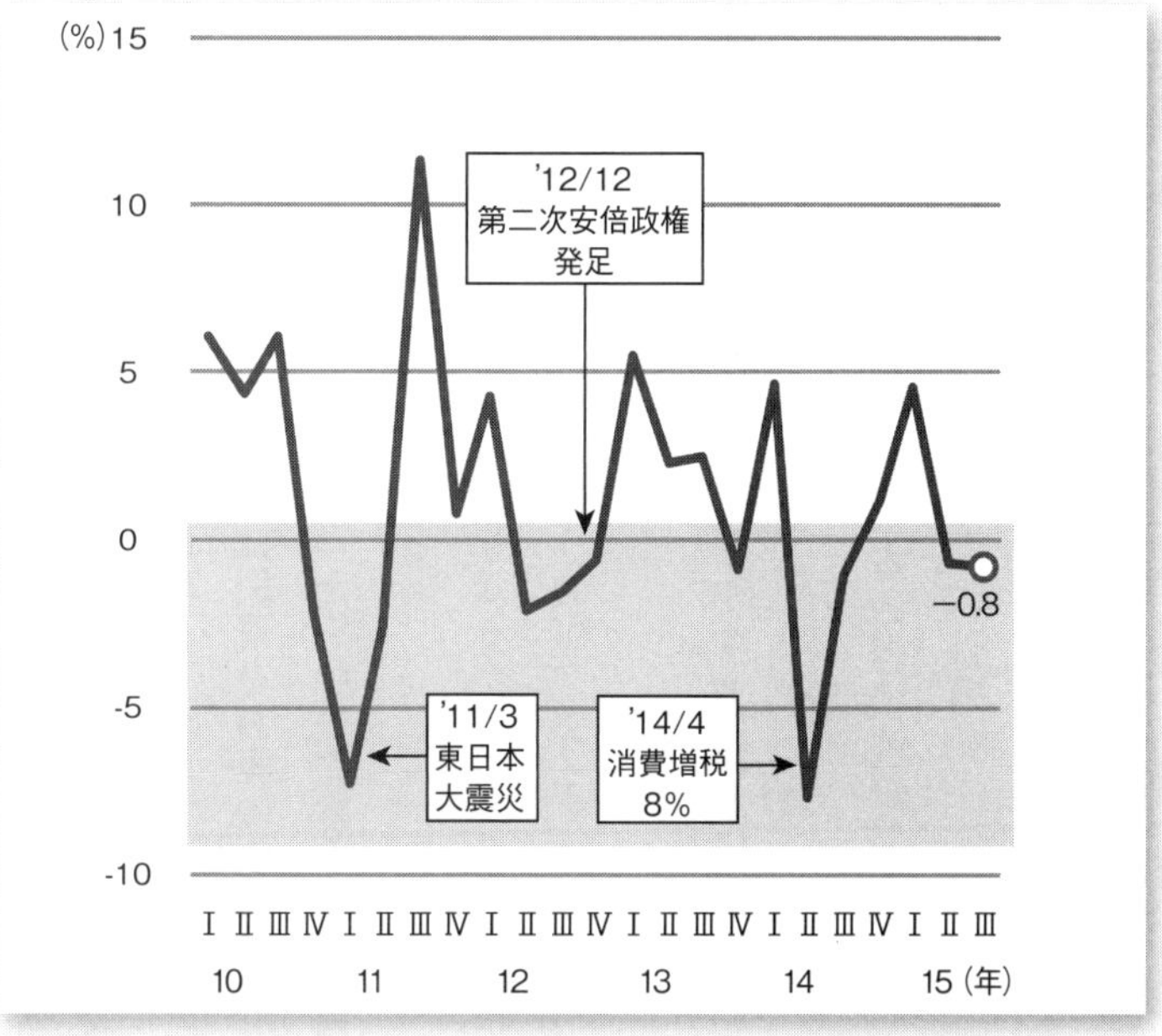

アベノミクスは、当初の狙い通りの成果を挙げられていないが、なぜ思ったような成果が出ないのか分析し、その原因を取り除いていくプロセスが必要

※資料：内閣府（http://www.cao.go.jp/）、小学館『週刊ポスト／「ビジネス新大陸」の歩き方』2015/11/13
©BBT大学総合研究所

からうまくいくはずがなく、20世紀のエコノミクス、マクロエコノミーを使っても駄目なのです。**成熟期のマクロ経済に無知な経済政策では効果が出ない**、というのは当たり前のことです。

今、中央銀行はフォアグラのように国債をお腹の中に貯めています。ここで、万が一、国債が暴落するようなことがあったら中央銀行から先に倒れる。これがアベノミクスの実態です。

これが**国家の危機**でなくして何でしょうか。しかも１００年も古い経済政策を使ってグシャグシャにしてしまったというのがアベノミクスです。

ハイパーインフレで個人資産１７１７兆円が紙切れに？

今から10年以上前から、私は「日本の経済政策は20世紀のエコノミクスでは駄目だ」と言い続けてきました。

20世紀のエコノミクスというのは、要するに高欲望社会のための経済政策です。国民が、もっと生活を豊かにしたい、これも買いたい、あれも買いたいという欲望を持っていた時代の考え方なのです。しかし今はこういうエコノミクスでは通用しません。なぜなら現代は**「低欲望社会」**だからです。ですから欲望を満たすのではなく、もっと心理経済学の視点を持って考えていかないと、市場にお金が出てこないのです。

低欲望社会の中にあって、先に述べた個人資産1700兆円を超える巨額のお金をどうしたらいいのか。そこが重要なポイントになるわけですが、今財務省の考えは2つあります。一つはあのお金をどうにかできないか、という考えです。国の借金はたかだか1300兆円です。であれば国民が持っているあのお金をうまいこと吸い上げていけばいいのではないか、ということです。

もう一つは、**ハイパーインフレになればいい**という考えです。ハイパーインフレになってしまえば、誰も責任は問われません。いくら財務省が増税をして8％を10％にしてほしいと言っても、軽減税率だとか何だとか言って、政治家は選挙のことしか考えていない。財務省はいい加減頭にきて、だったらいっそのことハイパーインフレになってくれればいい、そう考えているのです。

次の選挙も基本的には安倍・菅&公明党が圧勝、ということになると思いますが、油断してはいけません。財務省は「こうなったらハイパーインフレで1300兆円の借金をチャラにしてしまおう。そうなったら楽だよね」と考えています。もしそんなことになったら、**皆さんの1700兆円を超える個人資産もチャラになる、つまり紙くず同然になる**ということです。そうしたシナリオ通りになる可能性があり得るということも覚悟しておいたほうがいいでしょう。

07

世界に類を見ない日本の「低欲望社会」

将来に対して悲観的な日本人

先に述べたように、日本の企業や家計は潤沢な資産を保有しています。これだけお金を持っているのに、使わない。これほど金利が下がっても、お金を借りない。この状況が「低欲望社会」です。お金がたくさんあっても、企業や個人にお金を使う欲望がないのです。

なぜお金を使わないのか。明確な理由があります。**染色体に「将来の心配」という**

特性が宿っているのです。図4―9を見てください。自分自身の将来の経済状況に対して楽観的か、悲観的かをたずねた結果です。日本では、悲観的な人が圧倒的に多い。楽観的な人は非常に少数です。金融資産だけで1000万円以上を保有している「マス富裕層」に聞いても、結果はあまり変わりません。「グローバル」を見ると、楽観的な人が多数を占めていることが分かります。アジアに至っては、6割以上が楽観的です。

「老後の不安」から、貯蓄に力を入れる日本人

日本人はもともとこれほど心配性だったのかというと、そうではありません。我々の世代が育ったころの日本人は、「坂の上の雲」を目指して、世界に出ていこうという志を持っていました。今よりも貧しい生活をしていたけれど、将来の心配などしていなかった。松下幸之助は、英語がしゃべれないのに世界へ出ていきました。本田宗一郎は高等小学校しか卒業していませんが、世界のホンダをつくった。昔の日本人は、今よりもずっと楽観的だったのです。

4－9　自身の将来の経済状況に対して楽観的か、悲観的か

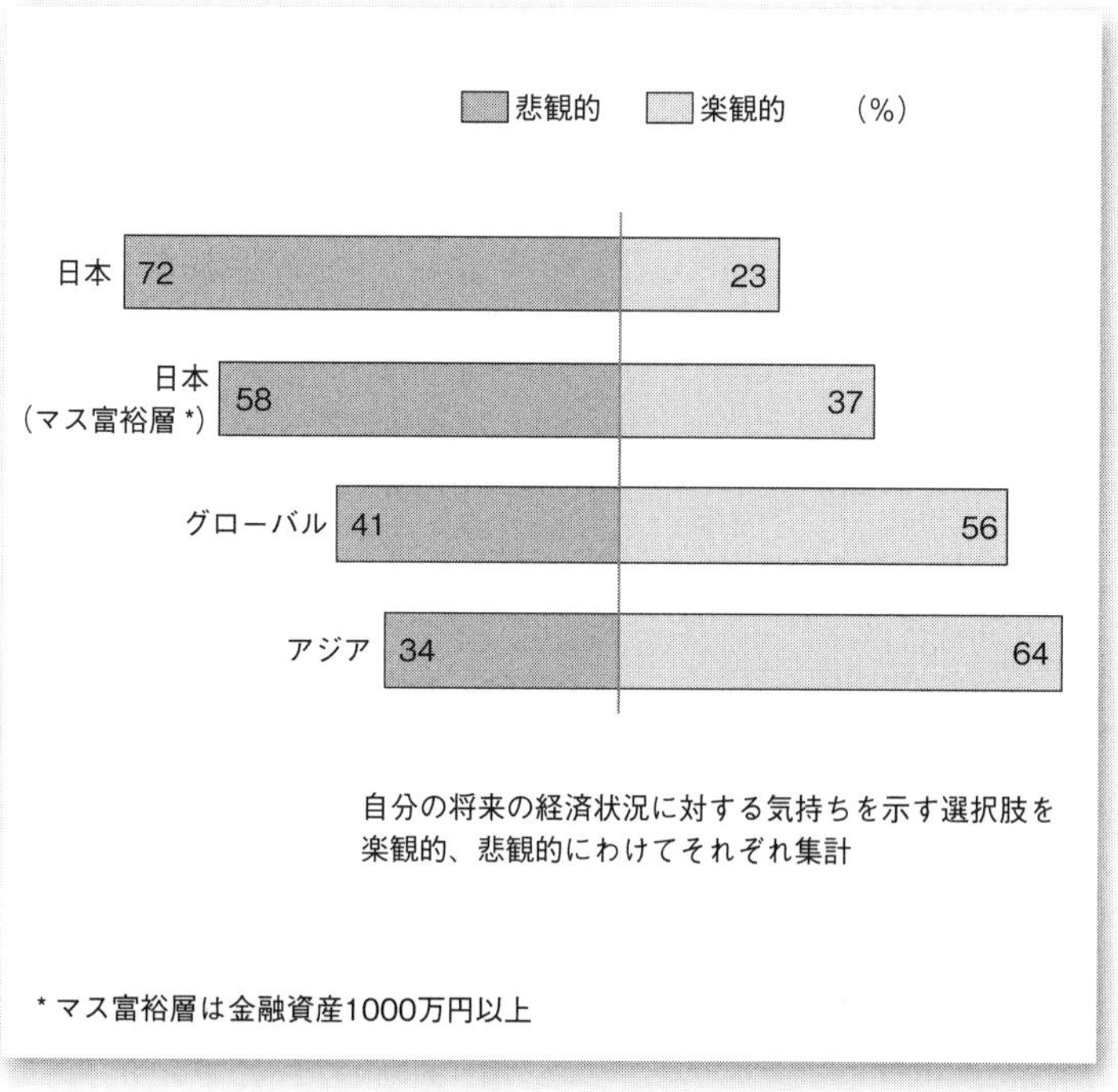

自分の将来の経済状況に対する気持ちを示す選択肢を
楽観的、悲観的にわけてそれぞれ集計
* マス富裕層は金融資産1000万円以上

▌日本人は自分の将来の生活設計に対して悲観的である

※資料：ブラックロック・ジャパン (http://www.blackrock.com/)

4－10　老後の生活についての考え方
（世帯主年齢60歳未満の世帯）

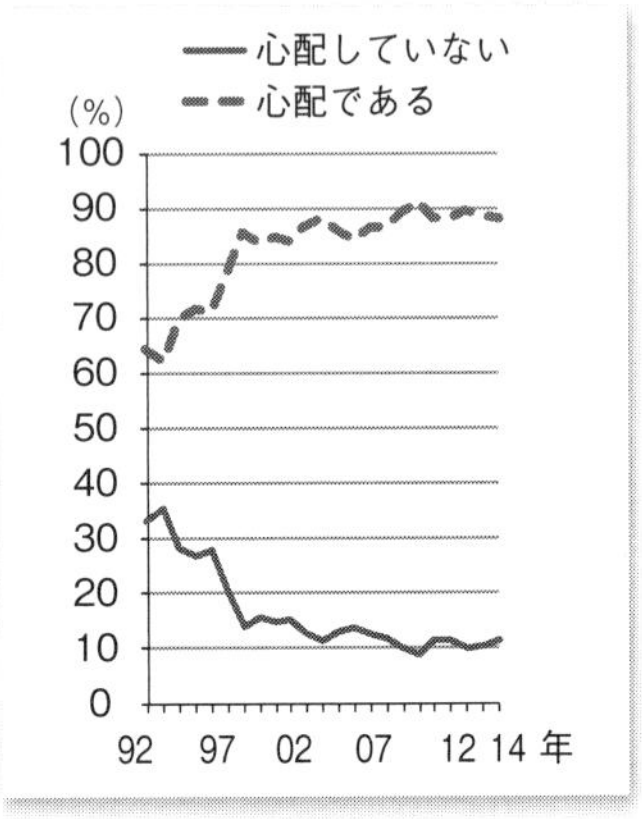

4－11　老後の生活を心配する理由（老後を心配している世帯）
（世帯主年齢60歳未満の世帯）

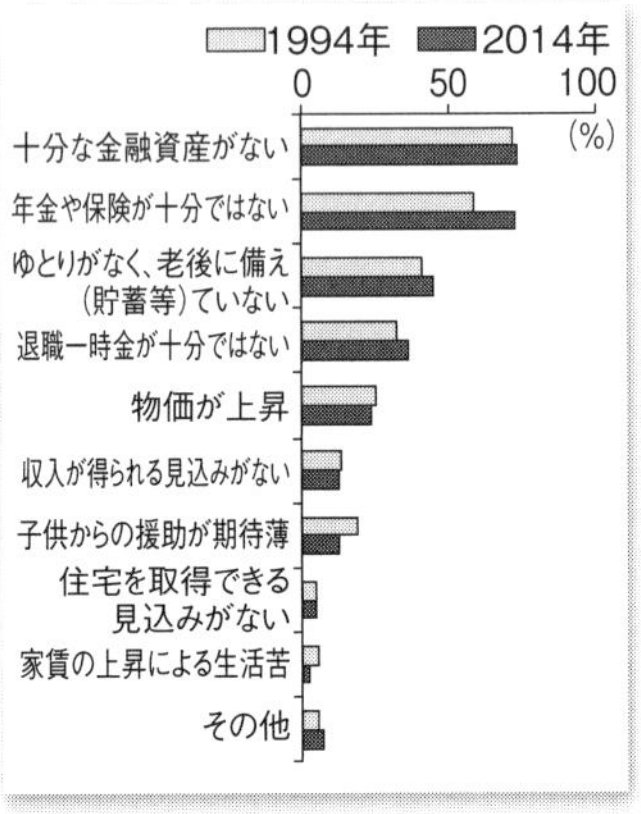

4－12　今後の生活の力点
（上位4項目）

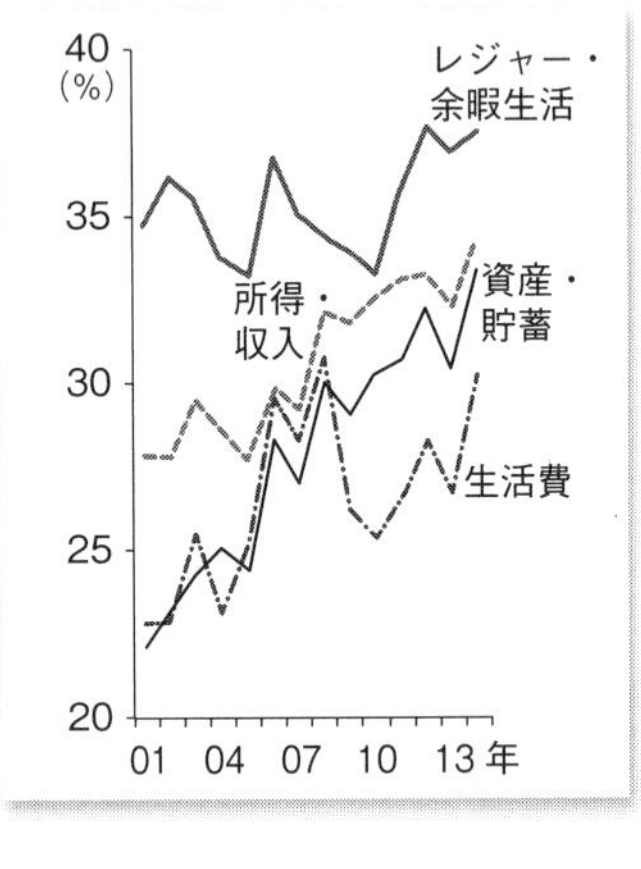

日本人は老後が不安なため、将来への備えとして資産・貯蓄に力を入れている

※資料：金融広報中央委員会『家計の金融行動に関する世論調査［二人以上世帯調査］』
(http://www.shiruporuto.jp/finance/chosa/kyoron_futari/)
内閣府『国民生活に関する世論調査』
(http://survey.gov-online.go.jp/h26/h26-life/)
©BBT 大学総合研究所

現代の日本人には、老後の生活について若い頃から心配するという特徴があります。図4―10「老後の生活についての考え方」というグラフを見ていただきたい。老後の生活を心配している人が、1992年の60%台から、2014年は90%近くまで増えています。心配していないという人が10%強。この20年間で、心配している人が明らかに増えています。

何がそんなに心配なのか。「老後の生活を心配する理由」(図4―11)を見ると、「十分な金融資産がない」「年金や保険が十分ではない」という理由を挙げている人が多いようです。「ゆとりがなく、老後の備えが十分ではない」というのですが、**日本人1人当たりの貯蓄額は世界最大**です。いくらあったら安心できるのでしょうか。

経済理論ではなく「心理」が消費行動を決める

高度成長期の日本では、30~35歳くらいで住宅を買うのが一般的でした。最初の10年間は金利5%、その後は金利が上がっていく変動金利で住宅ローンを借りるという時代だったのです。それが今や、35年固定金利の「フラット35」の時代です。フラット35は、2014年12月時点で1・56％という超低金利の住宅ローンです（図4―13）。こんな商品は日本にしかありません。欧米では長くても10年間固定、後はステップ式に金利が変動する住宅ローンが一般的です。それでもアメリカやオーストラリア、他の先進国でも、金利が5％を切ると住宅ローンの貸し出しが伸びます。

もし外国にフラット35を扱う銀行がオープンしたら、借りたいという人が殺到します。ところが図4―15のグラフを見てください。日本の住宅ローンは、まったく貸出残高が増えていません。金利1・56％、35年固定。この数字を見てぴくりともしない欲望のなさというのは、海外ではまず考えられません。

なぜそうなるかと言えば、日本人の「心理」が凍てついているからです。10代の頃から20年間低成長を見続けてきた30代の人たちは、「もういいよ。持たない、買わないのが一番だ」という心理状態になっています。こういう人種は、世界中を見わたしても、資本主義社会にこれまで生息したことがありません。ですから、欧米の経済学を勉強した人たちが、いくら理論を振りかざしても、理屈通りにいかないのです。**経済理論よりも、心理のほうが経済に大きな影響を与える**という状況を、日本は今、世界で初めて経験していると言えます。

4−13　住宅ローン(フラット35)金利*の推移

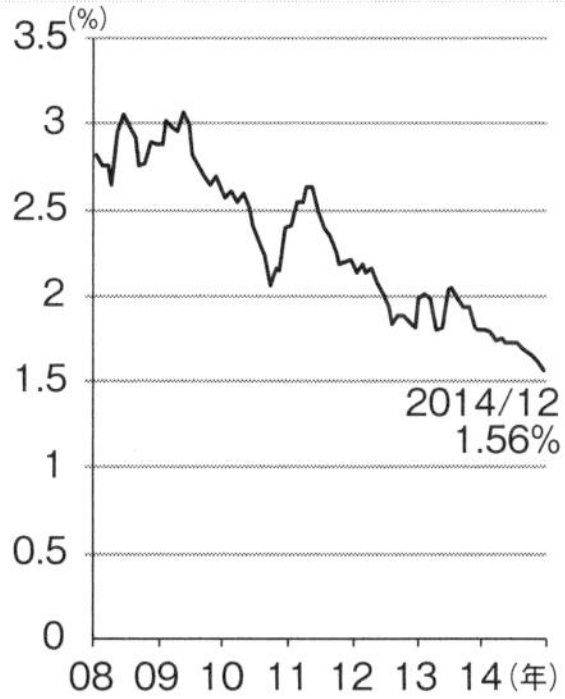

*最低利率、返済期間が21年以上35年以下、融資率が9割以下の場合

4−14　住宅ローン新規貸出額の推移（年度末）

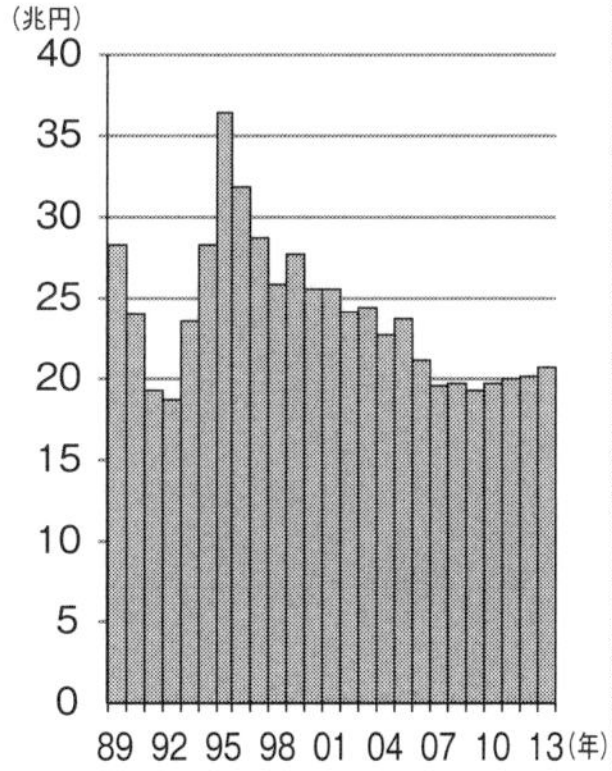

4−15　住宅ローン貸出残高の推移（年度末）

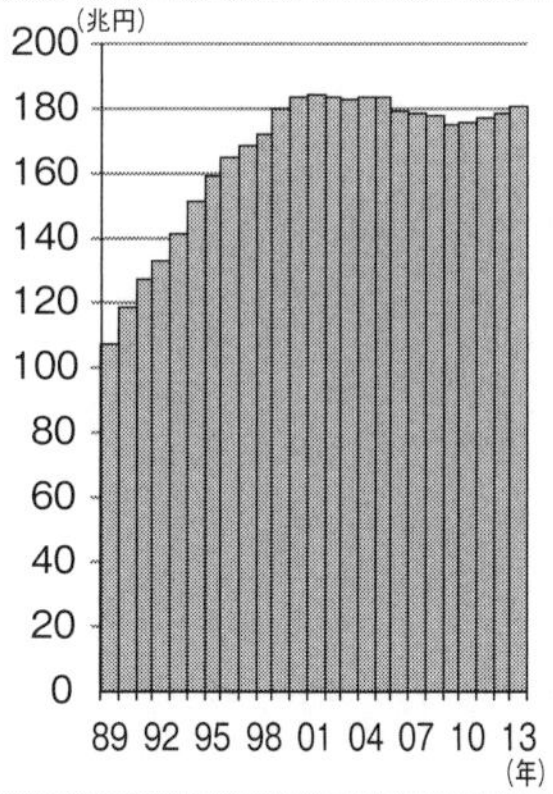

低金利下にあっても、住宅ローン貸出は全く伸びていない

※資料：住宅金融支援機構
(http://www.flat35.com/kinri/index.php/rates/top)
©BBT大学総合研究所

世界でも例を見ない、日本の持ち家率の高さ

日本人は老後に備えて貯蓄をするので、高齢世帯になるほど貯蓄額も大きくなります。図4―16には年齢階級別の貯蓄と負債の金額を示してあります。負債は40代で最大に達し、70代になるとほとんどなくなります。

ここで注目してほしいのは、世界でも例を見ない持ち家率の高さです。60歳以上の9割が家を持っている。どんな計算をしても、家は持つより借りるほうが得です。それにもかかわらず、9割の日本人が家を買います。これもやはり、将来に対する不安を取り除くためでしょう。70代では住宅ローンの返済もほぼ終わっているのに、それでもまだ将来が心配なのです。理屈から言うと、日本人が将来を心配する理由はない。だから、これは**日本人の染色体に宿る病気**なのだと私は思います。

4－16　世帯主の年齢階級別1世帯当たりの貯蓄・負債残高、年間収入、持ち家率

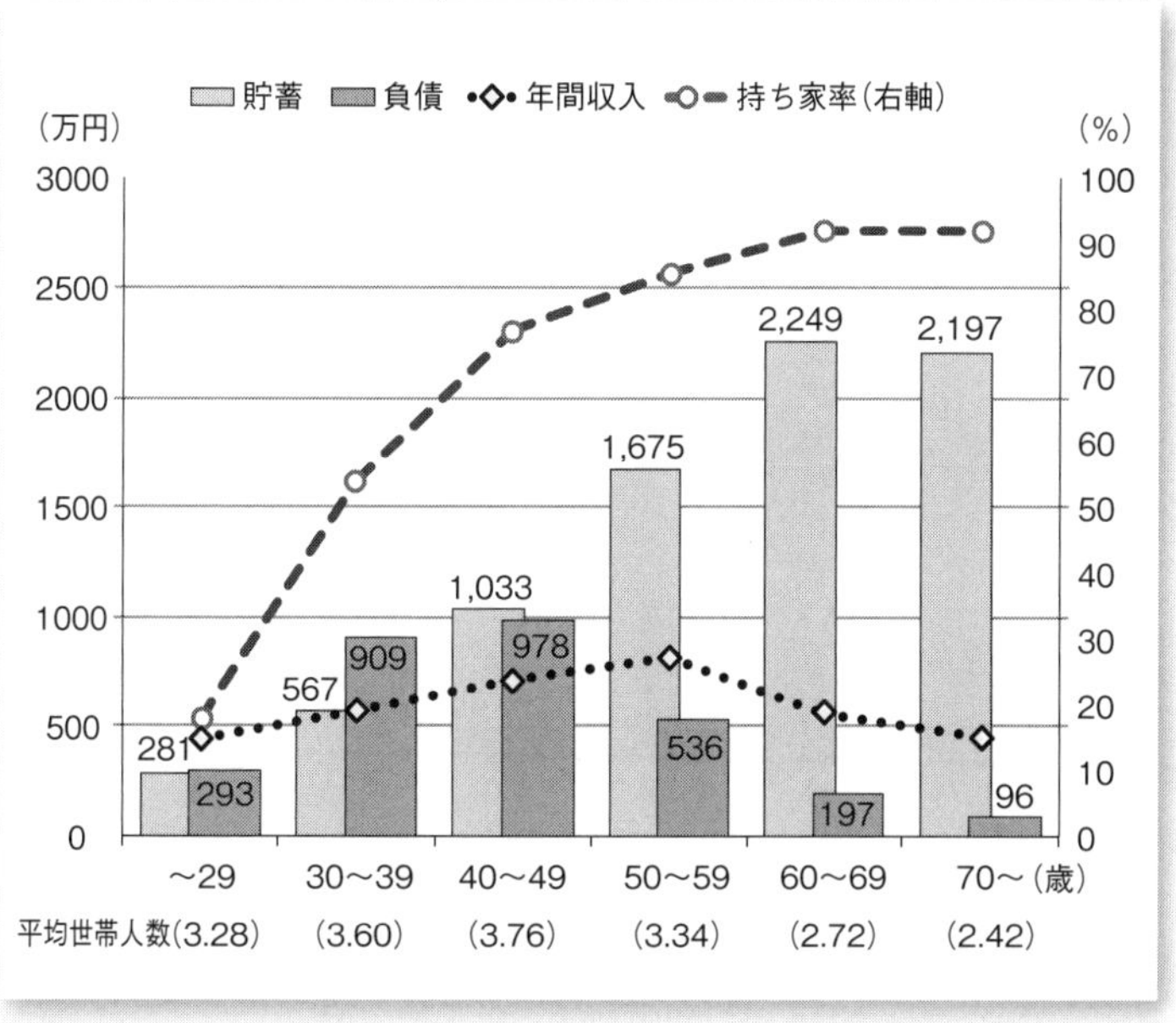

老後の生活を心配しているため、高齢世帯の貯蓄額が大きい

※資料：内閣府『平成26年版高齢社会白書』
(http://www8.cao.go.jp/kourei/whitepaper/w-2014/zenbun/s1_2_2.html)
©BBT大学総合研究所

企業も「低欲望」に陥っている

以前、ソフトバンクの孫正義さんと対談したとき「大前さん、皆にあまり核心的なことを教えないでください。皆が欲望を持ったら、私の仕事がやりにくくなります」と言われました。つまり彼は、皆が低欲望だからこそ自分が成功できるということを、明確に意識しています。皆が欲望を持っていない今の日本のような社会では、ギラギラした欲望を持つ人間が勝つのです。少し前の日本には孫社長のように上を目指す気持ちを持った経営者がたくさんいました。例えばシャープの早川徳次さん、京セラの稲盛和夫名誉会長、そして松下幸之助さんなど。ところが今、そういう経営者は非常に少なく、**企業においても欲望が失われている**というのが日本の現状です。

08

日本の光明、激増する「インバウンド」

訪日外国人の急増で宿がとれない日本人

日本経済にとって少し明るい話題もあります。訪日外国人、インバウンドです。図4―17のグラフ「訪日外国人数の推移」を見てください。2015年中に訪日した外国人は1900万人を超え、2020年までに年間3000万人になると予測されています。ところが国内の宿泊施設は1500万人で満杯。既に**訪日外国人が泊まる場所が足りません**。

このとばっちりを受けているのが、国内の修学旅行生です。今、中学生や高校生が修学旅行で奈良や京都に行きたくても、昔のように簡単には行けません。泊まるところがないからです。もう修学旅行は海外に行ってくださいといった感じですが、京都だけでなく他の地方にも外国人観光客が増えており、ビジネスマンも泊まる場所が確保できず日帰り出張が増えているようです。

したがって宿泊施設関連は今後一大産業になるでしょう。**日本にとってまたとない事業機会**であり、日本としては一刻も早く、寂れてしまって宿がたくさん余っている温泉街などを立て直していく必要があります。

訪日外国人にとって、泊まる場所は必ずしも立派なホテルでなくていいのです。彼らの多くは、清潔できれいなら安い宿でいいと思っています。食事は、日本にはおいしいお店がたくさんあるので外で食べられます。必ずしも1泊2食付きである必要はないのです。

4－17　訪日外国人数の推移

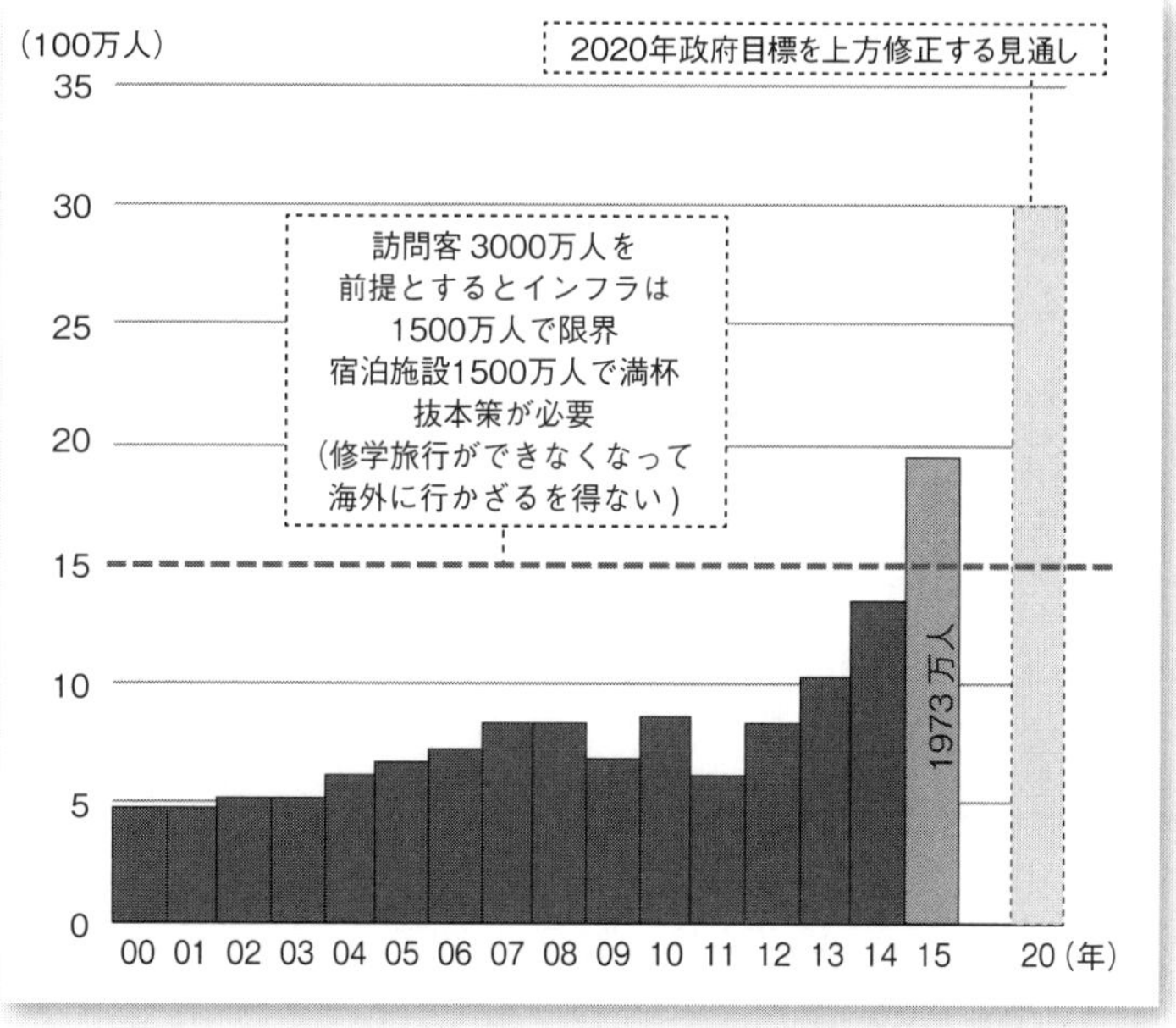

訪日観光客（インバウンド）は大幅に増加しており、中国の「爆買い」など日本経済にプラスのインパクトを与える可能性が高い

※資料：日本政府観光局 (http://www.jnto.go.jp/jpn/index.html)
©BBT大学総合研究所

09

中国人観光客の消費行動パターンをつかめ！

中国人が日本で買うべき「12の神薬」とは

図4―18を見ても分かるように、中国からの旅行者がものすごい勢いで買い物をしています。いわゆる**爆買い**です。では、中国人観光客は今どんなものを買っているのか？　図4―19のリストは、中国のウェブサイトで紹介されている「日本で買わなければいけない12の神薬」だそうです。

4−18 費目別の訪日外国人旅行消費額
(2015年7〜9月期)

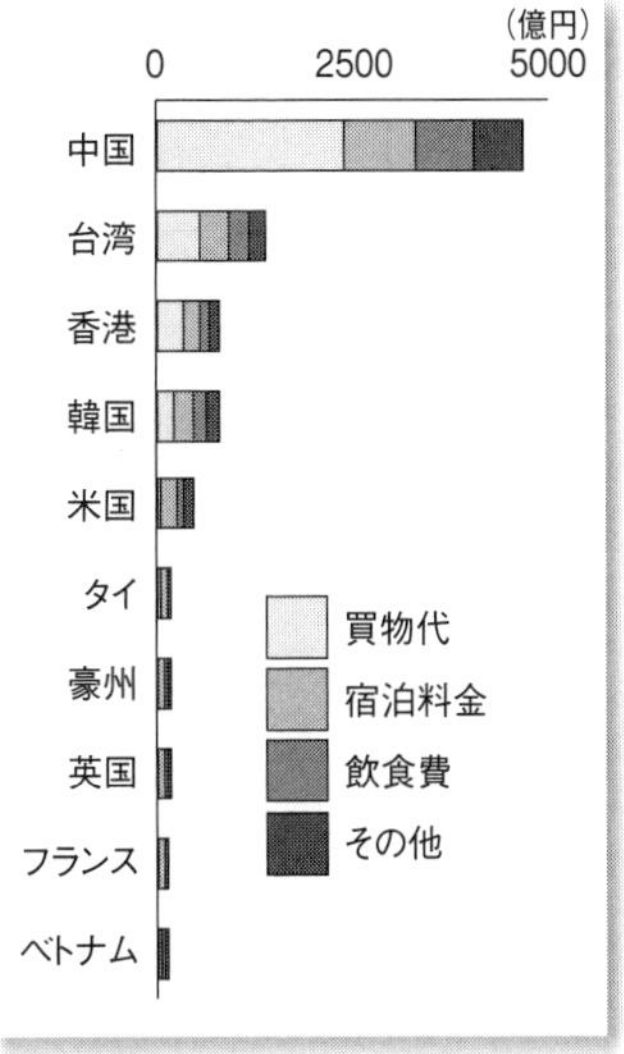

※資料：観光庁『訪日外国人消費動向調査(平成27年7月〜9月)』(http://www.mlit.go.jp/kankocho/siryou/toukei/syouhityousa.html)
©BBT大学総合研究所

4−19 中国のウェブサイトで紹介された「日本で買わなければいけない12の神薬」

分野	メーカー / 商品名
目薬	参天製薬『サンテボーティエ』
消炎鎮痛剤	小林製薬『アンメルツヨコヨコ』
液体絆創膏	小林製薬『サカムケア』
冷却剤	小林製薬『熱さまシート』
頭痛薬	エスエス製薬『イブクイック頭痛薬』
消炎鎮痛剤	久光製薬『サロンパス』
角質軟化剤	小林製薬『ニノキュア』
L-システイン製剤	エスエス製薬『ハイチオールC』
便秘薬	皇漢堂製薬『ビューラックA』
口内炎薬	大正製薬『口内炎パッチ大正A』
女性保健薬	小林製薬『命の母A』
のど薬	龍角散『龍角散』

※資料：産経新聞(https://sankei.jp/)、ほか各種文献・記事より
©BBT大学総合研究所

本当かな？　という感じですが、目薬の「サンテボーティエ」、消炎鎮痛剤の「アンメルツヨコヨコ」、液体絆創膏の「サカムケア」、冷却剤の「熱さまシート」、あと「サロンパス」「ハイチオールC」「命の母A」「龍角散」などが人気だそうです。嘘だと思うなら、観光地の街中にあるドラッグストア周辺に行ってみてください。中国人観光客のバスが先を争って停まっています。

中国人はどこで何を売っているのかが分かっています。日本でもかつて「憧れのハワイ航路」などと言われた時代、家族や親戚、知人が海外旅行へ行く、というと餞別を渡していました。**中国人旅行者は今、餞別をもらって日本に来ています。**「日本で何かいいものを買ってきて」と言われると、それほど高いものではなく、こういうドラッグストアで売っている品物を2つか3つ買ってお土産にするのです。

また中国の人は、日本旅行を2～3回リピートすると、だんだん台湾からの観光客に行動パターンが似てきます。例えば、中国では常温でビールを飲みますが、日本に慣れてくるとビールを冷やして飲むようになります。

生魚を食べる習慣のない中国人が、だんだんと生魚を食べるようになります。しまいには寿司屋さんのリストを持って来ます。こうしてだんだんと変わっていき、最終的には**日本に慣れた台湾、香港の人たちと同じような振る舞い**になっていきます。

中国人観光客攻略の鍵を握る「百度」

中国人旅行者は、日本に来る前に**「百度」（バイドゥ）という検索サービス**で、日本に関する様々な口コミ情報を調べて読んできます。日本に来てからも、スマホで百度を見ながら旅行します。ですから、今日本でどんな物が人気で、どこに何が売っているのか、どこに行けば何ができるのかがすべて分かっているのです。

軽井沢に行ったら、駅前のレンタサイクル店で自転車を借りましょう、と百度に書いてあります。日本人は軽井沢に来たら貸自転車に乗ると。自転車に乗ってあそこに行きましょう、ここに行きましょう、お昼ごはんはここで食べるのがお勧めです、と書いてあるので、軽井沢に来た中国人は皆自転車に乗ってあちこち回っています。百度で調べて、その通りにやるのがこの人たちです。皆もうその瞬間、日本人になったかのように喜んでいます。

そのお勧めルートに載った飲食店やお土産屋の人たちは笑いが止まりません。反対に、そのルートから外れたお店の人たちは、なぜうちには中国人のお客さんが来ないのか、ということになる。彼らに営業するのは簡単です。百度に情報を載せればいいのです。百度で広告を打つのは4万円くらいでできますし、口コミ情報の投稿は留学生などに協力してやってもらえば簡単なことです。

こうした中国の人たちは、これからどんどん増えます。**来れば来るほど日本が好き**になります。この人たちのブログや口コミ情報を私も読んでいますが、とにかく日本に来てみて驚いたと言います。

日本人は親切だと。日本人は笑うと。中国のテレビに出てくる日本人は戦争時代の恐い日本人ですから、親切で笑顔の日本人など知らないのです。ところが実際に日本人に接してみたら、とても民度が高い。忘れ物をしたら届けてくれた。もうますます日本が好きになったと言っています。日本に1回来たら、習近平主席が何を言っても中国人は信じなくなる、という状況です。

10

インバウンドで劇的な変化をとげた地方都市

世界からの来客が急増する「ニセコ町」

最近は都市部だけでなく地方にもインバウンドが増加しており、アイデア一発で地方創生が可能です。その好例として挙げられるのが、北海道のニセコ町と、静岡県の富士山静岡空港です。

ニセコ町は、図４―20でも分かるように外国人宿泊客の数が年々急増しています。

2014年時点では**2004年の約10倍にあたる約14万人の外国人が宿泊**しています。

ニセコ町では250億円の投資が3回行われ、近年、日本を代表するスキーリゾートとして外国人旅行者の人気が高まっていますが、香港や台湾などの中国系とマレーシア人、ほかにはオーストラリアからの訪問者が中心です。その多くは家族連れでやってきますが、何週間にもわたって滞在する人もいます。

2019年に大型リゾート「パーク・ハイアット」が、2020年には「リッツ・カールトン」が開業予定で、今後ますます期待されるインバウンド向けリゾートです。

〝非常識な発想〟が爆発的な集客を生んだ「富士山静岡空港」

今注目すべきは富士山静岡空港。島田市と牧之原市にまたがる場所にある、2009年に開港した地方空港です。静岡県の川勝平太知事が莫大な予算をとって造った空港ですが、開港当初は誰も使わず、日本で最も無駄な公共工事とまで言われました。

そこで川勝知事は中国へ行き、「私たちの空港に降りてくれて、静岡で1泊でもしてくれたら5万円差し上げます」と言ったのです。ちなみに上海からなら中国の春秋

4−20 【北海道】ニセコ町への外国人宿泊客延数の推移

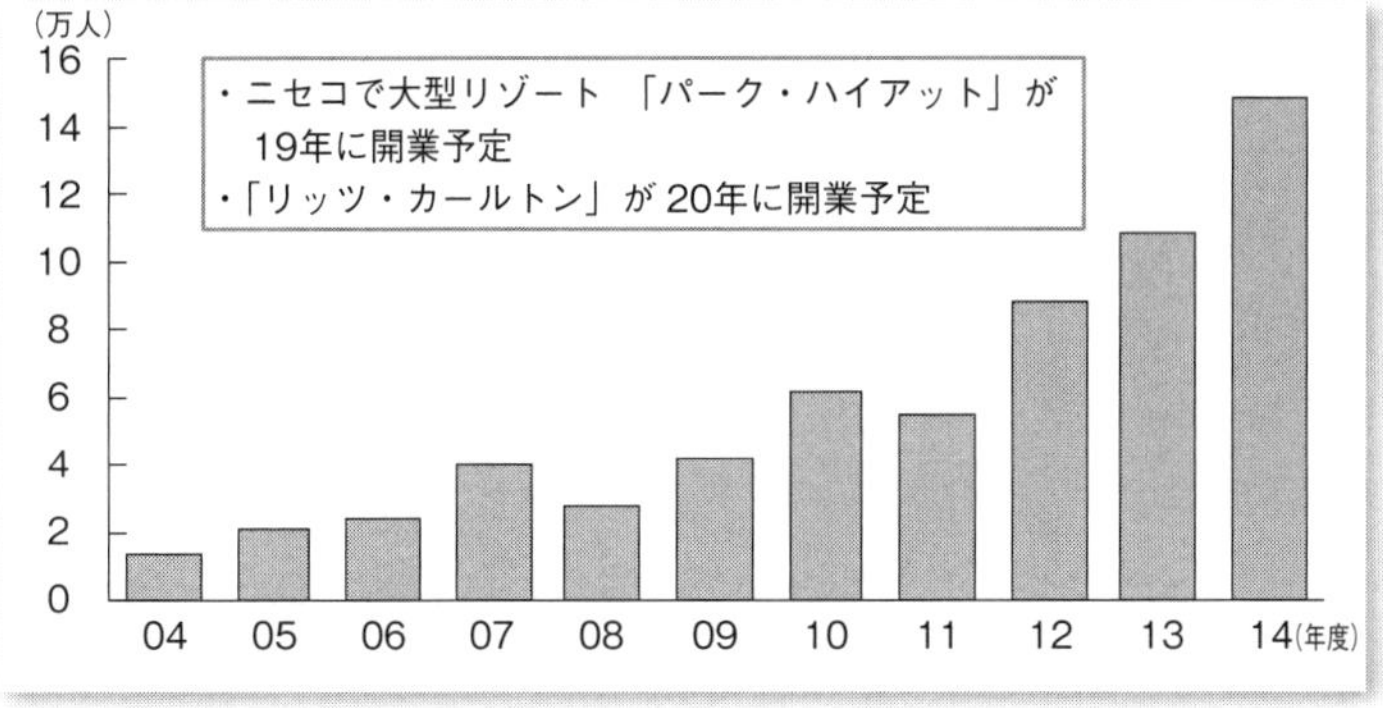

※資料：ニセコ町（http://www.town.niseko.lg.jp/）
©BBT大学総合研究所

4−21 【静岡県】富士山静岡空港の月間利用者数

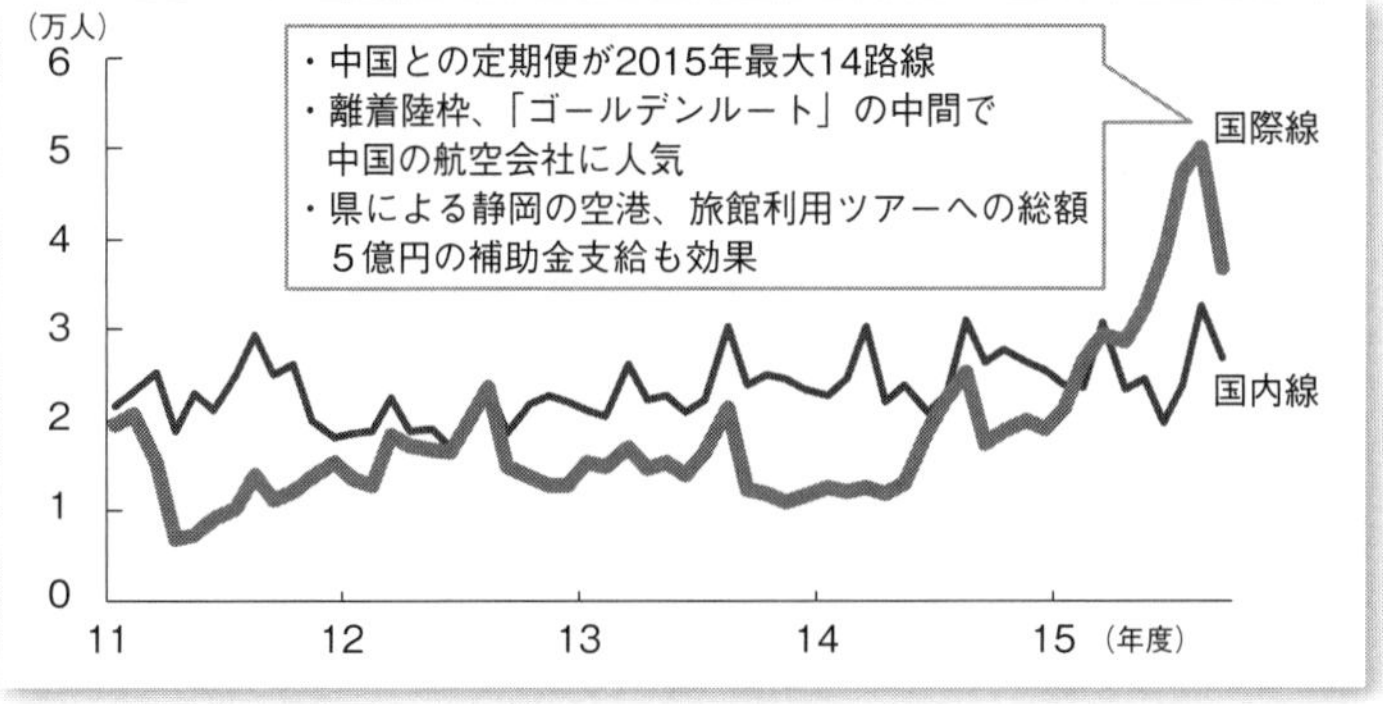

※資料：富士山静岡空港（http://www.mtfuji-shizuokaairport.jp/）
©BBT大学総合研究所

地方にも、インバウンドが増加。アイデアー発で地方創生は出来る

航空で行く3泊4日のジャパン旅行が5万9000円ほどですから、5000円でよかったと思うのですが、この1泊5万円が起爆剤となり、2015年には中国との定期便が14路線に拡大。2015年中に20万人もの中国人がやって来ました。国際線利用者数はうなぎ上りで（図4―21）、現在、羽田、成田、大阪など基幹空港を除く**地方空港では富士山静岡空港の利用者数が1位**です。

この急激な変化が2014年から15年にかけて突然起こったものですから、現在、富士山静岡空港は盆と正月が一緒に来たような大変な騒ぎになっています。ロビー周辺にある店は中国人の爆買いでものすごい経済効果です。皆、川勝さんにお礼を言わなければいけません。日本で最も無駄な公共工事と言われた所が、川勝さんの一言で一気に**インバウンドの中心地**になったのです。

中国人の間でますます日本の地方人気が高まっています。皆、口を揃えて「きれいだ」「日本の自然は美しい」と言います。私も中国人を長野県に案内したら、どこに行ってもきれいでゴミも落ちていないと感動し、大満足で帰っていきました。インバウンド、観光産業はこれからの日本にとって非常に可能性のある分野になるはずです。

第5章

迫りくる危機にどう立ち向かうか？

01

日本がすべき、たった一つのこと

「人・モノ・カネ」から「人・人・人」の時代へ

本章では、これからの日本と日本企業はどうすればいいのかを考えていきます。

先に述べたように、UberやAirbnbに代表される21世紀企業をお手本にして、**スマホのエコシステム（生態系）などを使ったイノベーティブなビジネスの創出**を模索していくべきです。アイデア次第では日本企業もいろいろなことができる時代です。

日本企業の経営課題としては、大きく2つあります。一つは「国内市場の縮小にど

５－１　日本企業の経営課題

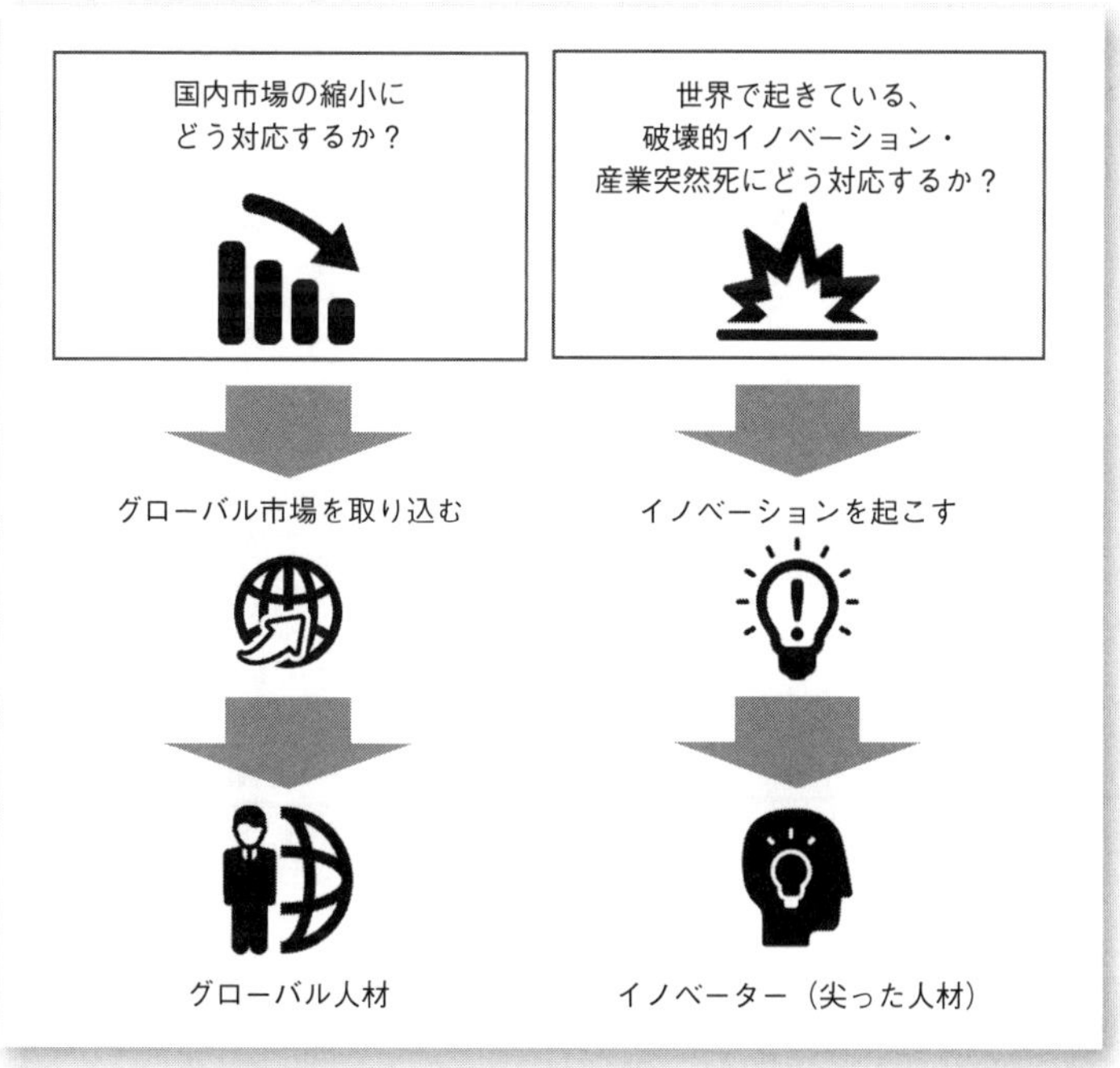

日本企業が取り組むべき経営課題は、「人」に集約される

※資料：BBT 大学総合研究所

う対応するか?」、もう一つは「世界で起きている破壊的なイノベーション・産業突然死にどう対応するか?」です。この2つの課題をクリアするには、グローバル市場を取り込み、イノベーションを起こすしかないのですが、そのためにはとにかく**「グローバル人材とイノベーター(尖った人材)」を確保**する必要があります。つまり、企業としては21世紀の新しい世界に対処できる人、これを中心に考えていく必要があるのです。

20世紀はビジネスにおける3要素は「人・モノ・カネ」と言われましたが、今は**尖った「人」がいれば金が集まってきます**。お金は企業やオフィスという箱に集まってくるのではなく、考えられる人、方向性を示せる人、構想を練られる人、そういった人の集まるところにどんどん付いてくる、という時代です。

ということで**21世紀の経営資源は「人・人・人」**です。人と違った変わった発想のできる人、世界の様々な場所に出かけていってとことん体験し、学び、それを新しいビジネスに結びつけられる人、企業としてはそういう人を見つけてくることが非常に

5－2　21世紀の経営資源

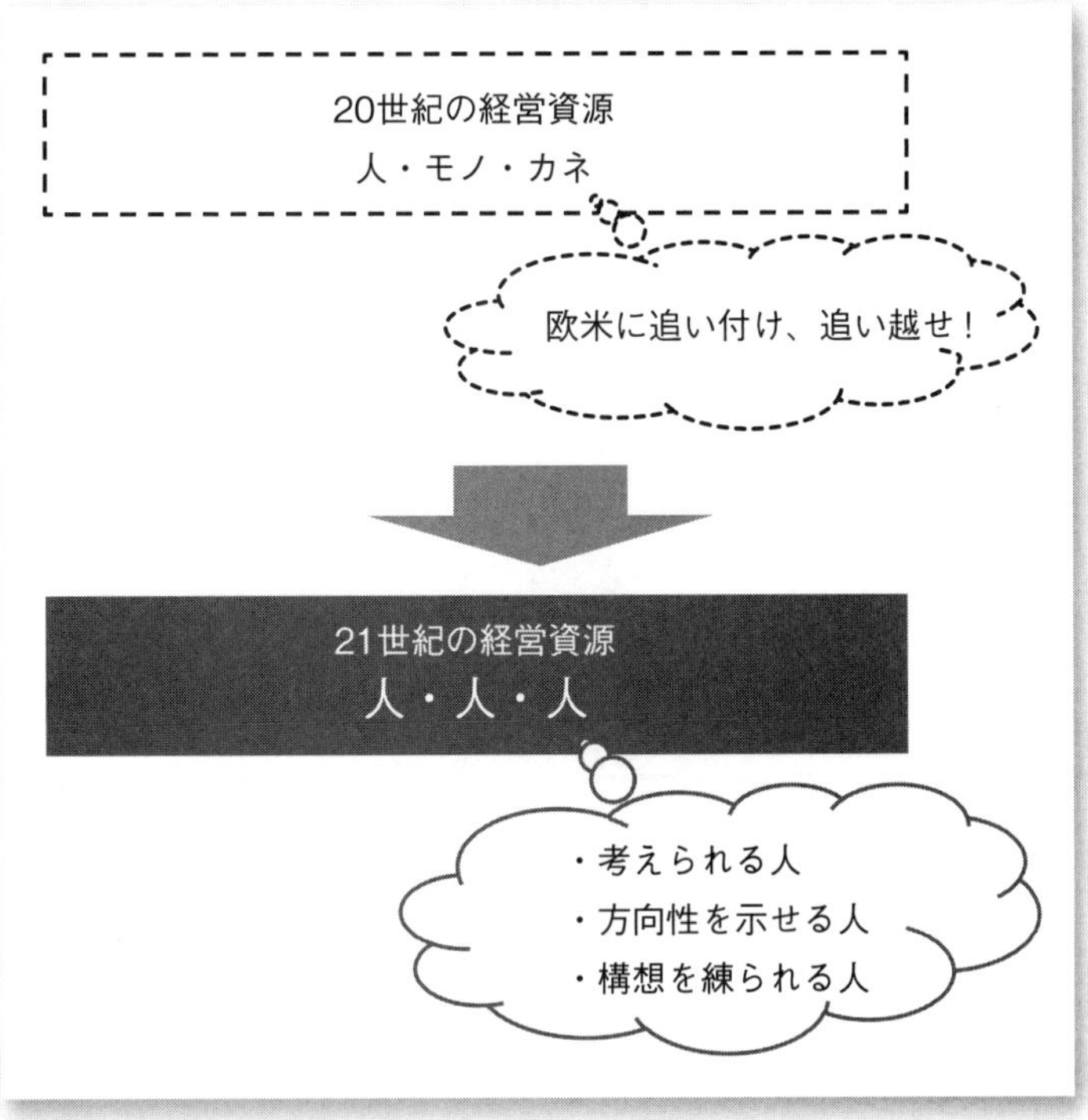

21世紀の経営資源は「人・人・人」

※資料：BBT 大学総合研究所

重要になってきます。日本がすべきことはたった一つ、「人」に集中すること、と言っても過言ではありません。

またUberの事例を見ても分かるように、スマホベースで新しいビジネスを生み出そうと思えば、世界中どこからでも世界中の個人と直接商取引ができるわけですから、国にこだわる必要も、今までの古い概念に囚われる必要もありません。そう考えると、これからのイノベーションは、頭の固いおじさんではなく、高校生くらいの人を引っ張って来てやらせるほうがいいかもしれません。今は、**スマホ世代の10代の人間**が世界的なイノベーターになれる可能性が十分にあるのです。

02

優秀な人材は世界から「一本釣り」せよ

注目を集めるインド出身の企業トップ

これからの企業は人、人材が最も重要だと述べましたが、国内の人材だけでなく、世界から優秀な人材を集めることが重要になってきます。実際に世界的なＩＴ企業が集まるシリコンバレーには、世界中から優秀な頭脳が集まっています。特に多いのは**インド、台湾、イスラエル出身者**で、この3国の出身者はシリコンバレーで起業して成功した人のトップ3です。世界的に活躍する優秀な人材に、アメリカ人は意外と少ないのです。その辺がシリコンバレーの特徴です。

図5―3に挙げた人は、すべてインド出身の企業トップです。

インド出身の企業トップは、ＩＩＴ（インド工科大学／Indian Institutes of Technology）またはＩＩＭ（インド経営大学院／Indian Institutes of Mangement）を出ている人が多いです。グーグルのＣＥＯ・スンダル・ピチャイさん、マイクロソフトの3代目ＣＥＯ・サトヤ・ナデラさんはＩＩＴ卒業生、ペプシコＣＥＯのインドラ・ヌーイさんはＩＩＭ出身です。インドの人は、マネジメントにもＩＴにも強いのです。

ソフトバンクの孫正義さんがニケシュ・アローラさんを連れてきて副社長に抜擢したことが注目を集めました。孫さんはアローラさんの**入社祝いとして１６５億円**を払ったということで、払い過ぎではないかとも言われていますが、彼はグーグルの収益モデル、アドセンスなどを考えた人間です。彼を引っ張ってくるためには、他の会社であってもおそらくソフトバンク以上の報酬を用意したでしょう。

5－3　主なインド出身の企業トップ

企業トップ	業界	役　職
スンダル・ピチャイ（43歳）	IT	米グーグルCEO
サトヤ・ナデラ（48歳）	IT	米マイクロソフトCEO
シャンタヌ・ナラヤン（52歳）	IT	米アドビシステムCEO
インドラ・ヌーイ（59歳）	飲食	米ペプシコCEO
アジェイ・ハンガ（55歳）	金融	米マスターカードCEO
ラジーブ・スーリ（47歳）	IT	フィンランド・ノキアCEO
ニケシュ・アローラ（47歳）	IT	ソフトバンクグループ代表取締役副社長

フォーチュン500の300社以上で、インド出身者が副社長以上の役職に就いている

※資料：大前研一通信（http://www.ohmae-report.com/）、日経BP社『日経ビジネス』2015/9/28
©BBT大学総合研究所

これらインド出身の人たちは、フォーチュン500（フォーチュン誌が毎年発表する世界企業番付）のうちの300社以上で副社長以上の役職に就いています。日本企業もIITの学生を採用しようと思って声をかけていますが、簡単には採れません。ここに日本の人材採用の問題点があります。

「新卒一括採用」の日本企業に優秀な人材は来ない

日本企業は基本的に「新卒一括採用」であるため、初任給23万円などという給料になってしまいますが、そんな給料ではIITの学生に来てもらうことはできません。彼らは最初の5年が勝負と思っていますから、「うちは親切な会社であなたを大切にしますから、ぜひ来てください。一生クビにすることはありません」などと言っても駄目です。

今、IITの新卒の年俸は平均が4万ドル、最高で16万ドル（2000万円）で、月給23万円の日本の初任給では逆立ちしても無理です。**桁が一つ違う**のです。「ボーナスを4カ月分足しますから」と言ってもまだ足りません。

5－4　日本と世界の人材の違い

●インド、台湾、イスラエル出身者に、世界で活躍する優秀な人材が多い
●インドの人材は、IT とマネジメントに強い
・IIT（Indian Institutes of Technology：インド工科大学）
・IIM（Indian Institutes of Management：インド経営大学院）

●日本の人材採用の問題点
・日本企業は、新卒採用時期でもめている
・日本企業は「新卒一括採用」であるのに対し、世界では「個人の能力を見て採用」
・日本では新卒採用時「同一賃金」であるのに対し、世界では入社時の給料に４倍の差がある

国内だけではなく、世界から優秀な人材を集められるかがカギ

※資料：大前研一通信 (http://www.ohmae-report.com/)、日経 BP 社『日経ビジネス』2015/9/28
©BBT 大学総合研究所

つまり日本の企業は、新卒一括採用などということをやっている限り、いい人材は採れないのです。能力の高い尖った人は、一本釣りで採っていかないと駄目です。

日本では未だに企業と大学が「新卒採用開始時期を6月にするか8月にするか」などと何十年も揉めています。毎年8月になったりまた6月になったりと、そんなことは何の意味もないことです。大学を出るまで鉛筆1本すら売ったことない人間を必死になって採用してどうするのかと。そんな人間をたとえ20人集めたところで企業にとって何のメリットもないどころか、へたをしたら会社が潰れます。

ですから、**企業は個人の能力を見て、適正な報酬を払って1人ずつ採る**。海外の人材にも目を向ける。これが企業にとって「人・人・人」の時代を生きるための重要な鍵になります。

03

【「地方」が世界とつながる方法】

脱中央。日本の地方はイタリアの村に学べ

政府による「地方創生」はもはや意味を持たない

日本の展望ですが、結論から言うと「暗い」の一言です。日本は国全体で見ると、**人口減少と高齢化、低欲望社会、政府債務残高の増加**など、大きな問題を抱えています。将来展望は暗いとしか言いようがありません。

ただし、地方や企業や個人は、世界の中で繁栄している元気なところを見て、世界を相手にしていけば明るい未来が開けるはずです。ここからは**「地方」「企業」「個**

人」がどう世界とつながっていけばいいかを考えてみましょう。

まずは「地方」。これからの地方は前章で述べたインバウンドが鍵になってくるでしょう。ＩＴを駆使して海外の人にプロモートしていく方法はいくらでもあります。またアイデア次第で観光産業、リゾート産業、地場産業を成長させていく**「地方創生」**のチャンスも大いにあります。そもそも、「地方創生」が政治課題になる国は日本しかありません。日本の場合には政治がゆがんでいて、地方の票が大きいからです。普通は人口の多い都市の問題がナショナルアジェンダ（国として実施するべき課題対応）になります。途上国だった日本にとっては、全国にインフラを整えるという意味で「地方創生」にも意味がありました。しかし、現代では随分状況が変わっています。政府がいくらお金を使っても効果が上がりません。

「ご当地ブーム」は地域経済を救えるか？

日本の深刻な経済状況の一方で、東日本大震災の後、日本人の心理に大きな変化が

5－5　日本の展望

日本は大きな問題を抱えており国としての展望は暗い

※資料：BBT大学総合研究所

起こっています。阪神淡路大震災の際も、「ボランティア元年」などと言われるほど多くの市民が災害ボランティアとして活動したのですが、東日本大震災以降も同様の動きがありました。社会貢献したいという意識が日本全体で高まっているのです。「私の町を何とかしたい」というふるさとへの思いから、子育てや介護・福祉、地域活性化、環境保護などの社会問題の解決に向けて、住民やＮＰＯ法人、企業などが取り組む**「ソーシャルビジネス」**や、地域の課題を地域住民が主体的に解決する取り組み**「コミュニティビジネス」**のような新しい形のビジネスが各地で生まれています。**「ご当地ブーム」**もそのような動きの一つです。ご当地キャラクターが人気を集め、東京にアンテナショップを出す自治体も増えています。焼きそばなどのＢ級グルメを集めたイベントに数十万人が集まるなど、地域の伝統文化や特産品への関心が高まっています。

問題は、それが地域経済のパイを大きくするほどの規模にならないということです。「地域を元気にする」という意味では大きなプラスなのですが、日本経済、地域経済という大きな視点で見ると、残念ながらあまり大きな効果はないのです。

5－6　震災後の生活者の意識の変化

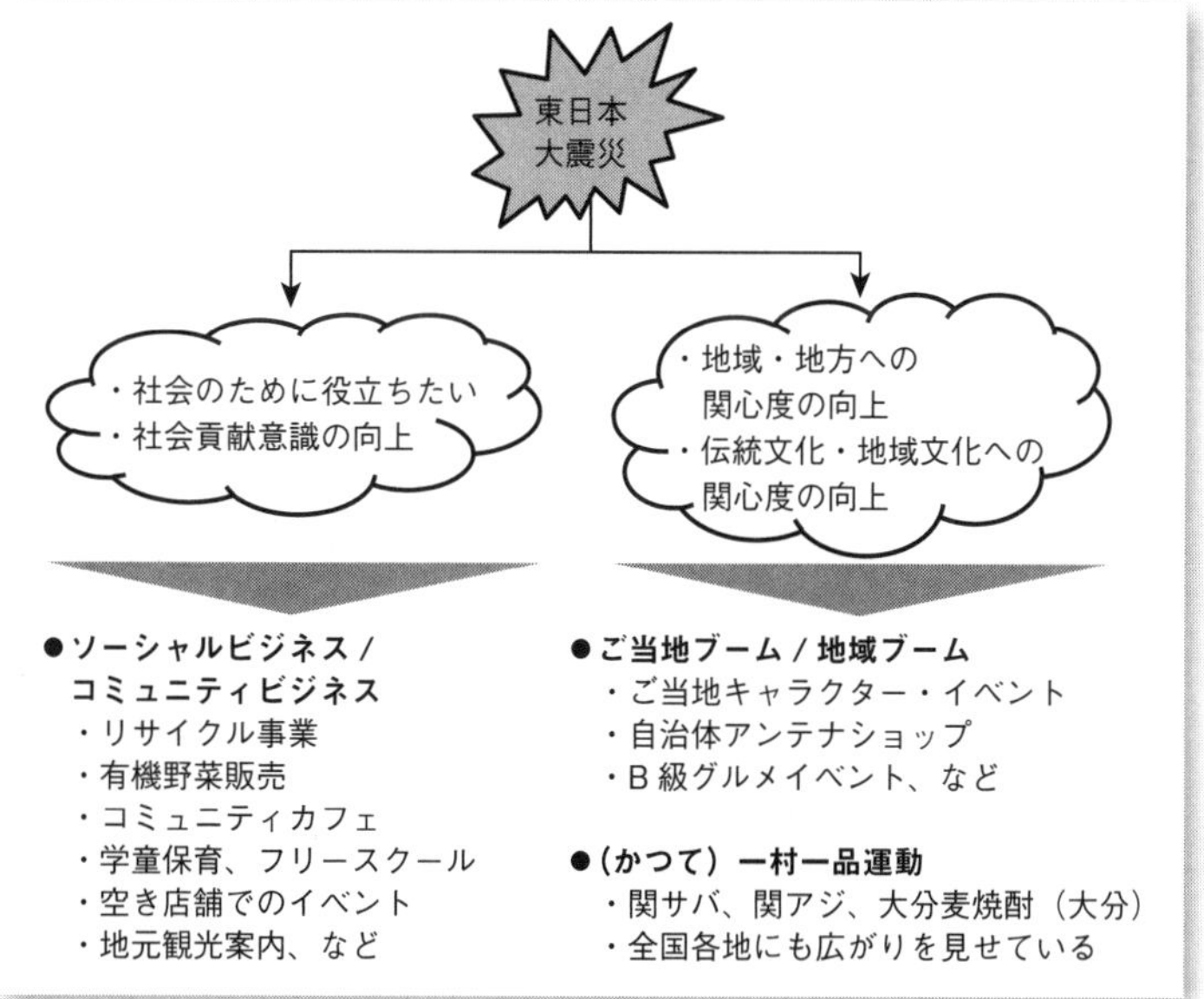

震災以降、生活者の社会貢献への関心、地域への関心が高まってきており、ソーシャルビジネス／コミュニティビジネスやご当地・地域ブームなどが全国各地で見受けられる

一村一品運動は世界で勝負できるか？

地域の特色を活かすという意味では、一村一品運動も一つの方法です。いわゆる「村おこし」「町おこし」の動きですが、これもコミュニティビジネスやご当地ブーム同様、地域を元気にする効果はあっても、県のＧＤＰを押し上げるほどの影響力はありません。

例えば、「アンコールオレンジ」という果物があります。愛媛県が全国一の生産量を誇り、厳重に管理されたハウスの中で栽培する柑橘です。しかし、新たな特産品が生まれても果樹農家の数が劇的に増えるわけではありません。アンコールオレンジに手がかかる分、他の農作物の生産量が減るため、全体で見るとあまり経済効果が上がらない。爆発的に売れて世界に輸出するような名産品はなかなか出てこないのです。関サバや関アジ、麦焼酎（いずれも大分県の名産品）なども随分有名になりましたが、**地域経済への効果は限定的**です。

5－7　ソーシャル・コミュニティビジネス、ご当地ブームの効果と問題点

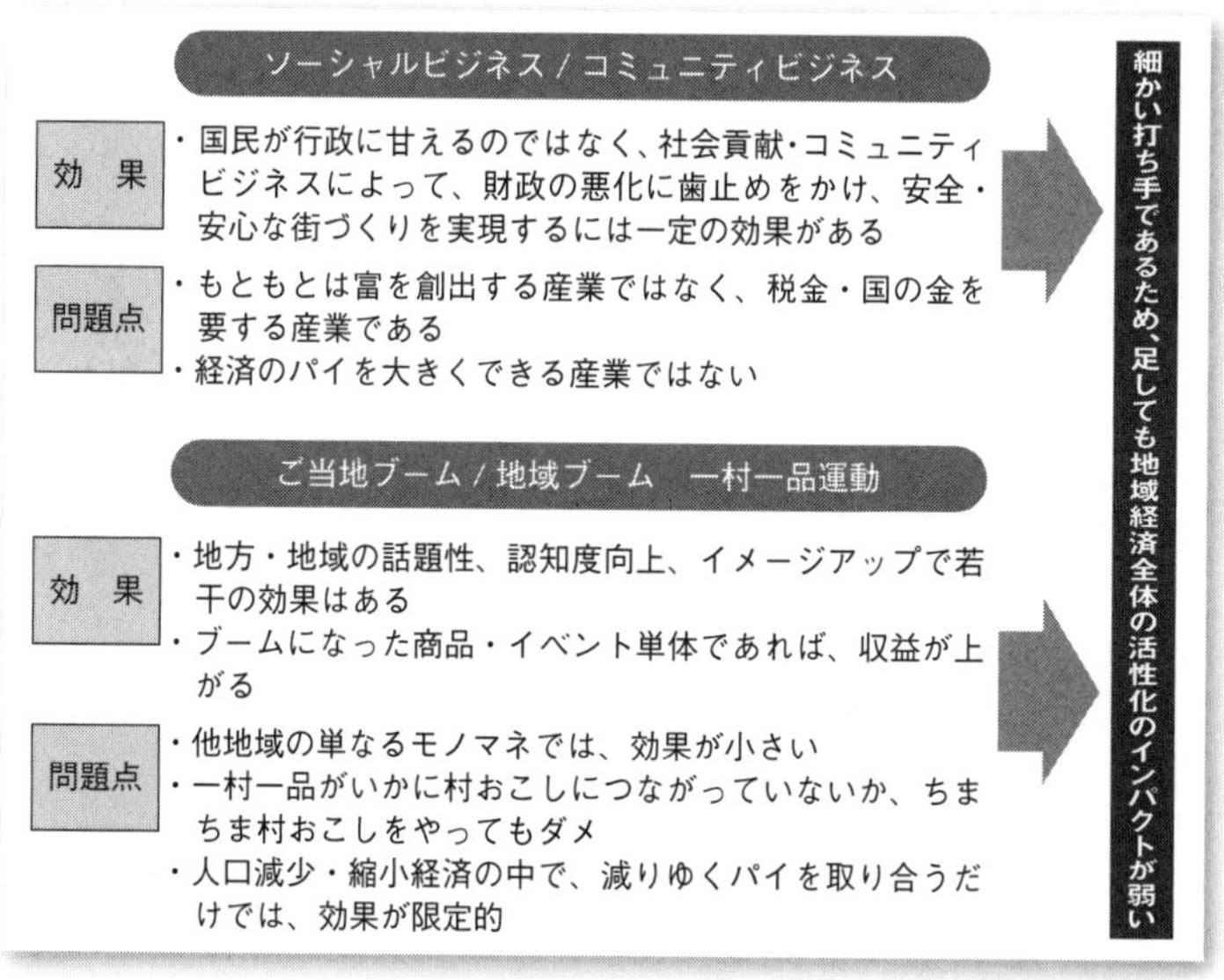
ソーシャルビジネス／コミュニティビジネス
効　果
・国民が行政に甘えるのではなく、社会貢献・コミュニティビジネスによって、財政の悪化に歯止めをかけ、安全・安心な街づくりを実現するには一定の効果がある
問題点
・もともとは富を創出する産業ではなく、税金・国の金を要する産業である
・経済のパイを大きくできる産業ではない
ご当地ブーム／地域ブーム　一村一品運動
効　果
・地方・地域の話題性、認知度向上、イメージアップで若干の効果はある
・ブームになった商品・イベント単体であれば、収益が上がる
問題点
・他地域の単なるモノマネでは、効果が小さい
・一村一品がいかに村おこしにつながっていないか、ちまちま村おこしをやってもダメ
・人口減少・縮小経済の中で、減りゆくパイを取り合うだけでは、効果が限定的
細かい打ち手であるため、足しても地域経済全体の活性化のインパクトが弱い

ソーシャル・コミュニティビジネス、ご当地ブームは、若干の効果があるものの、細かい現象であるため、足したところで、地域経済全体の活性化へのインパクトが弱い

©BBT大学総合研究所

中央依存から脱却し「世界」に目を向ける

地域レベルで、中央依存の経済構造からどのように脱却するか。これにはやはり、「世界」に目を向けることが重要になってきます。地場産品を、国内で販売するだけでなく、海外に輸出して稼ぐ。それから、観光客や企業、ビジネスマンや技術者、つまり**人・モノ・カネが海外から入ってくる仕組み**を作ることが必要です。中央・東京依存型の経済から脱し、**地域が直接海外経済とつながる**というやり方に転換しないといけないのです（図5―8）。

地方創生の3つのモデル

どうすれば日本で地方創生を実現できるのか、事例を見ながら考えていきます。いろいろ調べてみると、地方創生には図5―9、10、11のように3つのパターンがあることが分かります。

5－8　地域が主体となる脱中央の経済構造

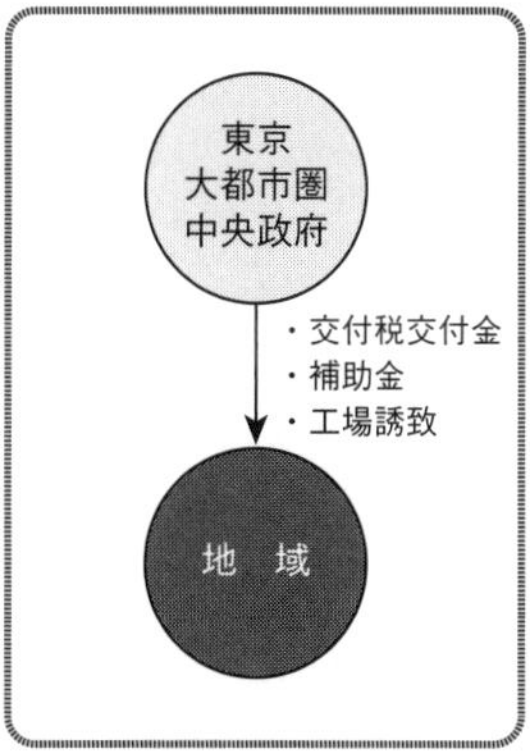

中央主導の政策で、国土の均衡ある発展を目指したが、地方の人口減少、財政悪化、産業空洞化という結果に

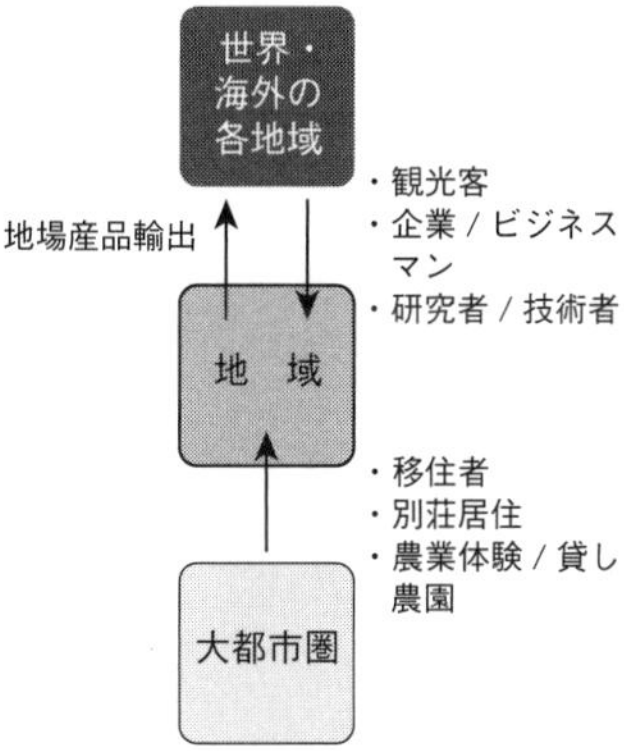

・中央に依存せずに、地域が自ら海外経済とのつながりを持ち、富を呼び込む
・国内の都市圏とは、これまでとは異なるやり方で関わり、地域に人を呼び込む

地域経済は、主に国内を対象とした中央・東京依存型の経済から脱しなければならない。地域の資源を活用しながら、世界から人・モノ・カネを呼び込むことが重要となる

※資料：野村総合研究所
(https://www.nri.com/jp/)、
ほか各種文献・記事より

一つは**江戸時代の「自給自足経済」**。いわゆる「地産地消」です。江戸幕府が270年も続いた最大の理由は、それぞれの藩で産業が興り、自分の食い扶持《ぶち》ぐらいは稼いでいたからです。非常に賢明な政策です。

次にアメリカのモデルです。アメリカでは州、すなわち地方自治体が三権（司法権、立法権、行政権）を持っています。一方、日本には、そもそも地方自治体がありません。日本国憲法第8章には、「地方公共団体」と書かれており、**「自治体」**ではないのです。いくら「頑張れ」と言っても、権限がなければ地方でできることには限界があります。だからこそ、**道州制**を導入して、それぞれの道州が成長を競う仕組みをつくる必要があります。

3番目のイタリアの場合、誰も国を信用していません。それどころか、国は迷惑なものだと思っています。そして実際に、国家経済は破綻しています。しかし地方はちゃんとやっています。理由は簡単で、その地方ならではの産業を興して、高い値段で高いシェアをとるという**都市国家モデル**を実現しているからです。ターゲットは世界

5－9　地方創生のモデル①

1．江戸時代の「自給自足経済」

・約270年続いた江戸時代の日本経済は、“地産地消”でそれぞれの地方に特産品があり、その大半は地元で消費された。

・人々は決して豊かではなかったが、そこそこの生活ができ、飢餓が起きた時以外は飢え死にすることもなかった。

・各藩の運営は基本的に大名の裁量に任され、才覚と手腕次第で地方が栄えるかどうかが決まる。

・薩摩藩
近代産業を興して経済力を蓄え、毛利氏の長州藩と薩長同盟を結んで倒幕・明治維新の中核となった。

地産地消モデルは、経済規模が小さいから成立するものなので、これをそのまま現代の日本に当てはめると、今の生活レベルを維持するのは難しい

※資料：小学館『SAPIO』2015/1
©BBT 大学総合研究所

のマーケットです。そのような都市が、イタリアには1500あります。「国破れて山河あり」ではないですが、イタリアの場合、国が破れても地方都市は生き生きしています。途上国の勢いに押されて苦しいとき、生産基地をルーマニアなどに移すことになっても、**ブランドとデザインだけは絶対に手放しません**でした。自分たちはこれで勝負する、という強みを明確に意識しているからです。彼らは、自分たちの製品がなぜこれほどの高値で世界に売れるのか、その理由をよく理解しています。

小さな村が世界相手に1500億円稼ぐイタリア

日本という国は、今非常に迷走しています。3本の矢などという意味不明なことを言っている人や国は相手にしないで、個人、企業、また地方は自分たちでどうすればいいかを自分の頭で考える。これが最も大切です。

私はこの間、自身が主宰する勉強会「向研会」のメンバーと一緒にイタリアに行きました。前述のように、イタリアには世界を相手に商品を作って売っている町や村が1500もあります。今回はパルメザンチーズやパルマハム、トスカーナのキャンテ

5－10　地方創生のモデル②

2．米国モデル

・州が非常に大きな権限を持っており、外交、防衛、通貨の発行など全国共通でなければ都合の悪いもの以外は、すべて州に権限を委譲している。

・各州は独自に売上税の税率や建築基準法を決めたり、銃の所持、大麻、同性婚、安楽死などを合法化したりすることができる。

・豊かな州から貧しい州に移せる予算は例えば年間3%を超えてはならないという決まりがある。

・過去50年の米国大統領は半数以上が州知事出身。

▼

独自財源も三権ももっていない“徒手空拳”の日本の都道府県知事ではそうはいかない。道州制を導入して統治機構を造り替える必要がある

※資料：小学館『SAPIO』2015/1
©BBT大学総合研究所

ィの生産地を見学しました。彼らにとってのエンドユーザーは世界のお客さんです。いろいろ見てきましたが、ほとんどすべてが1500億円の規模です。小さな村一つが、世界を相手に1500億円のビジネスを生み出しているのです。村自体が一つの会社、世界企業のようなコミューンができあがっているわけです。

このような地方創生のスタイルは、日本中どこを探してもありません。日本では、地方創生担当大臣の石破さんが頑張って1000億円の予算を付けるそうですが、1000億円のお金を1800の市町村に配ったら、各市町村に1億円もいき渡りません。愛媛県の今治市などは、これから今治タオルを日本発の世界的ブランドにしていくと言っていますが、せいぜい100億円の規模にしかならないでしょう。世界を相手に100億では規模が小さすぎますし、今のやり方ではその100億円ですら難しいと思います。イタリアのように、世界を相手に1000億など、大きな視野で地方創生を考えなければ駄目なのです。

そのためには、**「考えられる人、方向を示せる人、構想を練られる人」**を集める必要があります。おじさんたちがシニアリティ（年功序列）をチラつかせながら、ない

5－11　地方創生のモデル③

3. イタリアモデル

・国家が滅びても地方は全く困らない。それどころか地方は栄えている「国破れて地方都市あり」。

・約1,500の小さい町や村の大半が自前の産業を持って世界化し、経済的に自立している。

・各地方都市の多くが、「世界で１位」のものを「１つだけ」作っている。

・中国や東南アジアなどの新興国・途上国が手がけている値段の安い普及品分野では競っていない。

・生産部門は切り離しても、デザイン部門は動かさない。

今こそ、産地の市町村がイタリアの地方都市のように、国家や政府に頼らず自力で世界化を目指すべき！

※資料：小学館『SAPIO』2015/1
©BBT 大学総合研究所

知恵を絞っても何も出てきません。

高付加価値製品を世界に

イタリアの具体例を見ていきましょう（図5―12）。

モデナは自動車の町です。フェラーリやマセラティなどの高級車を作っています。あるいは「パッケージングバレー」と呼ばれ、包装機械で有名なボローニャ。エルメスはフランスのブランドですが、エルメスのスカーフは、イタリアの絹織物の町、コモで作られています。ベラージオは靴で有名です。歌で有名なソレントは、寄木細工の机と椅子を作っています。他にも、エルメスの金具だけを作っている町があるなど、文字通り、小さな町から全世界に供給していることが分かります。

イタリアには、いわゆる大企業がほとんどありません。理由は簡単です。従業員15人未満の企業は税金が安くなるのです。ですから、従業員15人に満たない小さな企業が数百集まって、一つの町で同じものを作っている。これが**イタリアの都市国家モデル**の特徴です。

その他に、今、イタリアではワイナリーが巨大な観光資源になっています。ワイナリーツアーというものを企画し、いいホテルに泊まってもらい、美味しいものを食べさせ、お金をたくさん頂く。銘柄の知名度を上げ、輸出を伸ばす効果も期待できます。

日本に必要なのは「ブランド」と「価格設定能力」

このイタリアモデルは、日本の地方創生にとって、非常に参考になるはずです。日本では、金属製洋食器で有名な新潟県の燕市、メガネで知られる福井県鯖江市などが、かなり近いところまで来ています。ただ、決定的に欠けているのは**「ブランド力」**と**「価格設定能力」**です。鯖江では、アルマーニのメガネのフレームを作っていますが、利益の大半をアルマーニにおさえられてしまっている。つまり、ブランド力と価格決定能力を持っていないのです。これらを身につけなければ、ＯＥＭを卒業できません。

これまでの日本は、「世界のマーケットを見る」ことを怠ってきました。世界の市場は、大企業に任せきりだったのです。世界のマーケットを相手にするなら、デザインと価格設定をきっちりおさえなければなりません。鯖江市のメガネメーカーが共同

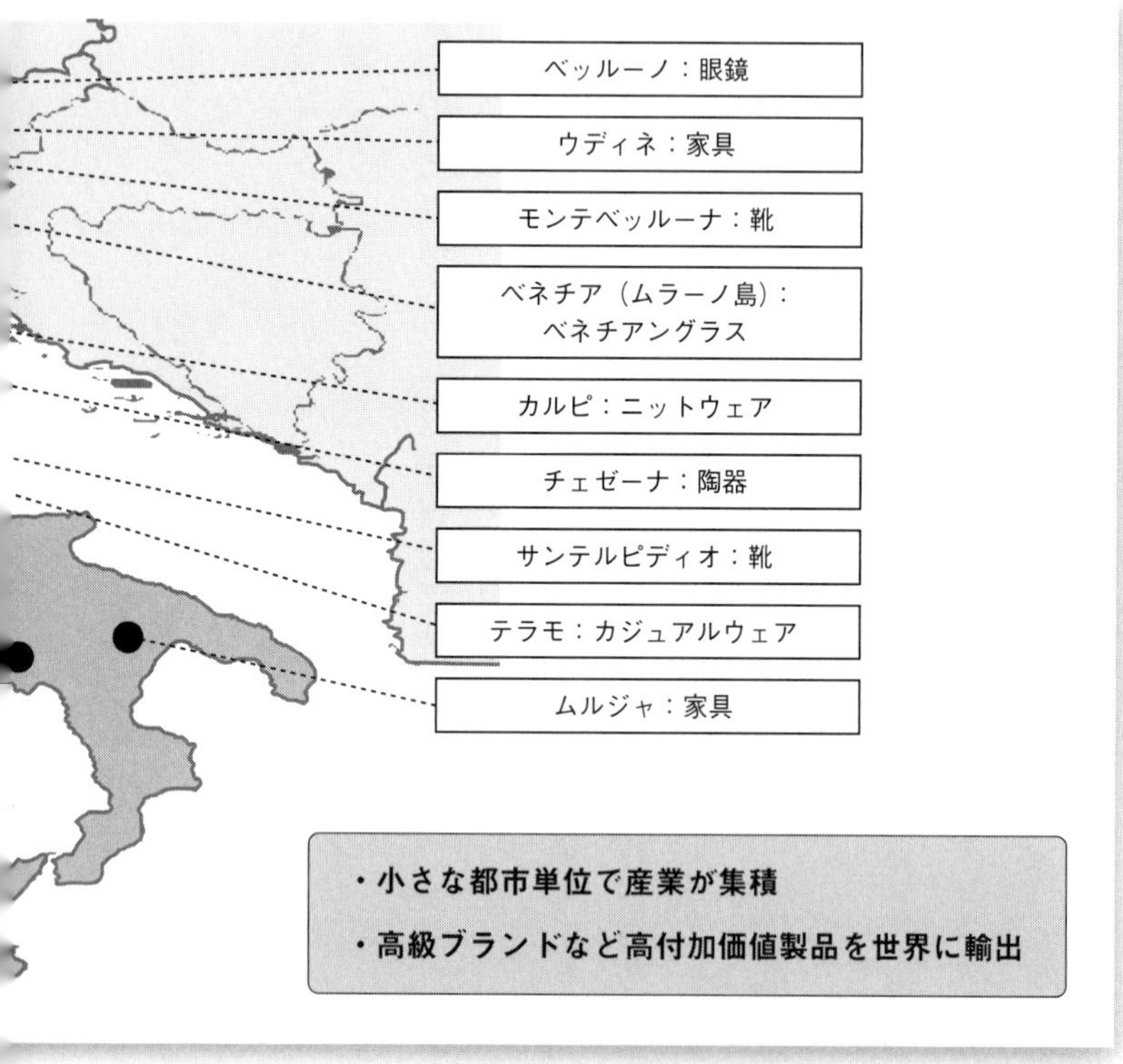

※資料：JETRO (http://www.jetro.go.jp/)、
日本政策金融公庫論集『国際競争下におけるイタリアの産業地域の変容』
(https://www.jfc.go.jp/n/findings/pdf/ronbun1202_04.pdf)、
馬場康雄・岡沢憲芙『イタリアの経済』1999、
ほか各種文献・記事より
©BBT 大学総合研究所

5－12　イタリア各都市の特徴

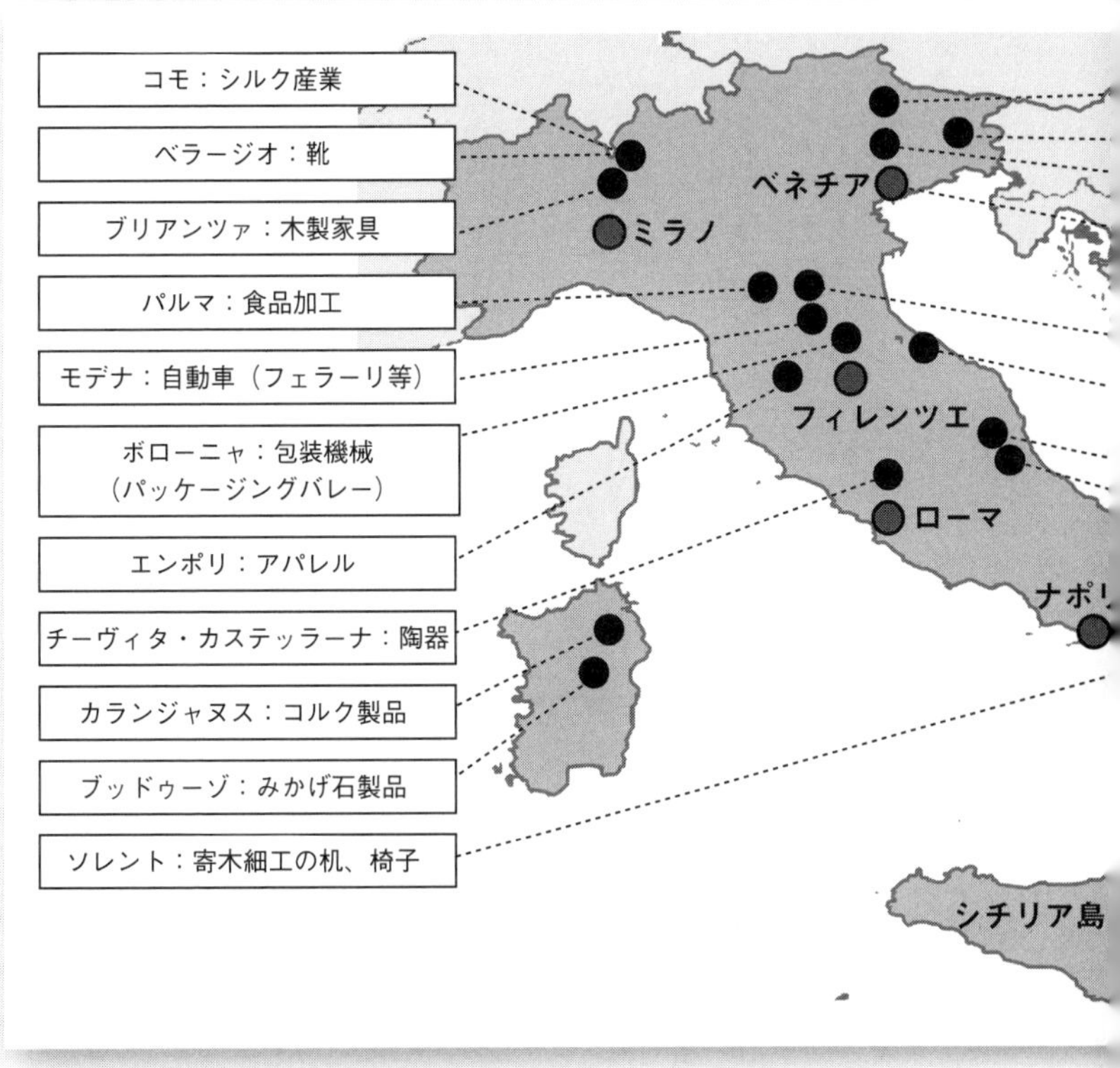

イタリアでは、各都市・産地で製品を高付加価値化し、世界に輸出している

でブランドを作ったというので期待していたら、ブランド名が「ＴＨＥ ２９１」だというのです。聞いてみると、フクイで２９１。何かの冗談かと思いました。これではアルマーニと競えるはずがありません。

「野心」を抱いて低欲望社会の壁を打ち破る

先に述べたように、アベノミクスは残念ながらうまくいきません。地方、企業、個人、それぞれが混乱の時代に備えるしかないのです。政府主導の地方創生などあてになりません。ここから先は地方、企業、個人、それぞれが世界を視野に入れて、「これだけは世界でトップだ」と胸を張れるものを作っていくことが求められます。

最大の問題はやはり低欲望社会です。企業にも個人にも「低欲望」が蔓延しています。日本に迫り来る危機を乗り越えるには、まず**縮こまった自分自身を思い切って変える**。そのメンタリティを家族や周囲の人にも広げていく。そういう姿勢が必要です。

明治以来、日本人は「坂の上の雲」を見上げ、野心を持って歩んできました。そういう**アンビシャスな精神**が、今、日本人に最も求められるものではないでしょうか。

04

【「企業」が世界とつながる方法】

あなたの会社は「自己否定」ができるか？

変わる３Ｃ「自社」「顧客」「競合」の定義

企業は「国内の非常識な事例」を知り、「海外の突然変異種」を研究すること。Uberや Airbnb、富士山静岡空港の事例を非常識と捉えるか、革新的なアイデアと捉えるか、自分自身で判断することが大事です。そして人材面では新しい人種をチームに入れてトライをすること。これが重要です。

コンピュータネットワークをはじめとするテクノロジーの進化によって、いつでも、どこでも、**誰とでもつながる世界（＝ユビキタス）**と、**摩擦やストレスのない経済（＝フリクションフリー）**が実現しました。このユビキタスとフリクションフリーが実現したのと同時に、現代は、**「企業戦略の３C」**すなわち、**Company（自社）、Customer（顧客）、Competitor（競合）が明確に定義できない**、という状況になっています。

戦略というのは、顧客の求めているものを競合相手よりも有利な形で持続的に提供することです。ビジネススクールではこういう戦略の定義を教えていますが、今は、**顧客**そのものがどんどん定義できなくなってきています。ゲームアプリ業界で言えば、無料ユーザーを満足させないと、有料ユーザーになってくれない。どちらがカスタマーなのか、ということです。

競合も定義できなくなっています。既存の物流業者は、まさかアマゾンが競合になるなどとは思ってもみませんでした。ただの本屋だと思っていたら、今、アマゾンが最強の物流業者になってしまったのです。前述のようにホテルも、まさか個人宅の空き部屋が競合になるとは思っていなかったでしょう。

5－13　変わる3Cの定義

企業戦略の３つのC

・戦略とは、自社の相対的な企業力を用いて顧客のニーズをより満足させ、競合相手との差を最大化すべく努めること

業界／企業

Company（自社）を定義できない	Competitor（競合）を定義できない	Customer（顧客）を定義できない
IT業界	物流業界 ホテル業界	食品業界 ゲームアプリ業界

事　例

・グーグルはスマホ、タブレット、ウェアラブル端末などのハードウェア事業に参入（製造はEMSに委託） ・「情報が整理できる」すべての業界が進出対象	・顧客だったアマゾンが、自社で物流サービスを開始（FBA） ・個人宅の空き部屋がホテルの競争相手になった（Airbnb）	・OEM供給先も、自社ブランド商品購入者も顧客だが、共食いしてしまう ・無料ユーザーを満足させないと、有料ユーザーになってくれない

エスタブリッシュメントは、戦略の前提となる自社、顧客、競合の「３つのC」が定義できず、従来の「戦略フレームワーク」が機能しなくなっていることを理解する必要がある

※資料：大前研一『ストラテジックマインド』1984、Kenichi Ohmae『The Invisible Continent』2001、ほか各種文献・記事より

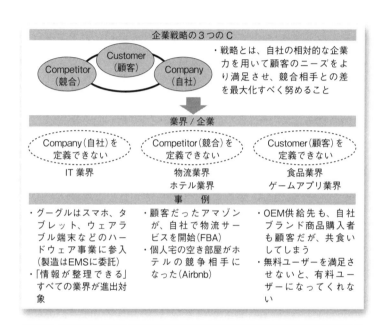

それから、自社も定義できなくなっている。ＩＴ業界ではグーグルがよい例です。グーグルはソフトウェアだけでなく、スマホやタブレット、ウェアラブル端末など様々なハードウェア事業にも参入しています。

このように3つのCが明確に定義できず、従来の「戦略フレームワーク」が機能しなくなっているのです。ですから、今こそ自分の競合相手、自分の顧客、自分の会社が何なのかをしっかり見据える必要があります。

そして、自分がこういうふうになりたいと思ったら、必ずそれを実現する方法があります。自分の会社でなくても、代わりにやってくれる会社が今の世の中にはたくさんあるのです。**どういう会社になりたいのかを先に定義すれば、進むべき道はいくらでもある**ということです。

5－14　日本企業が生き残るための４つの課題

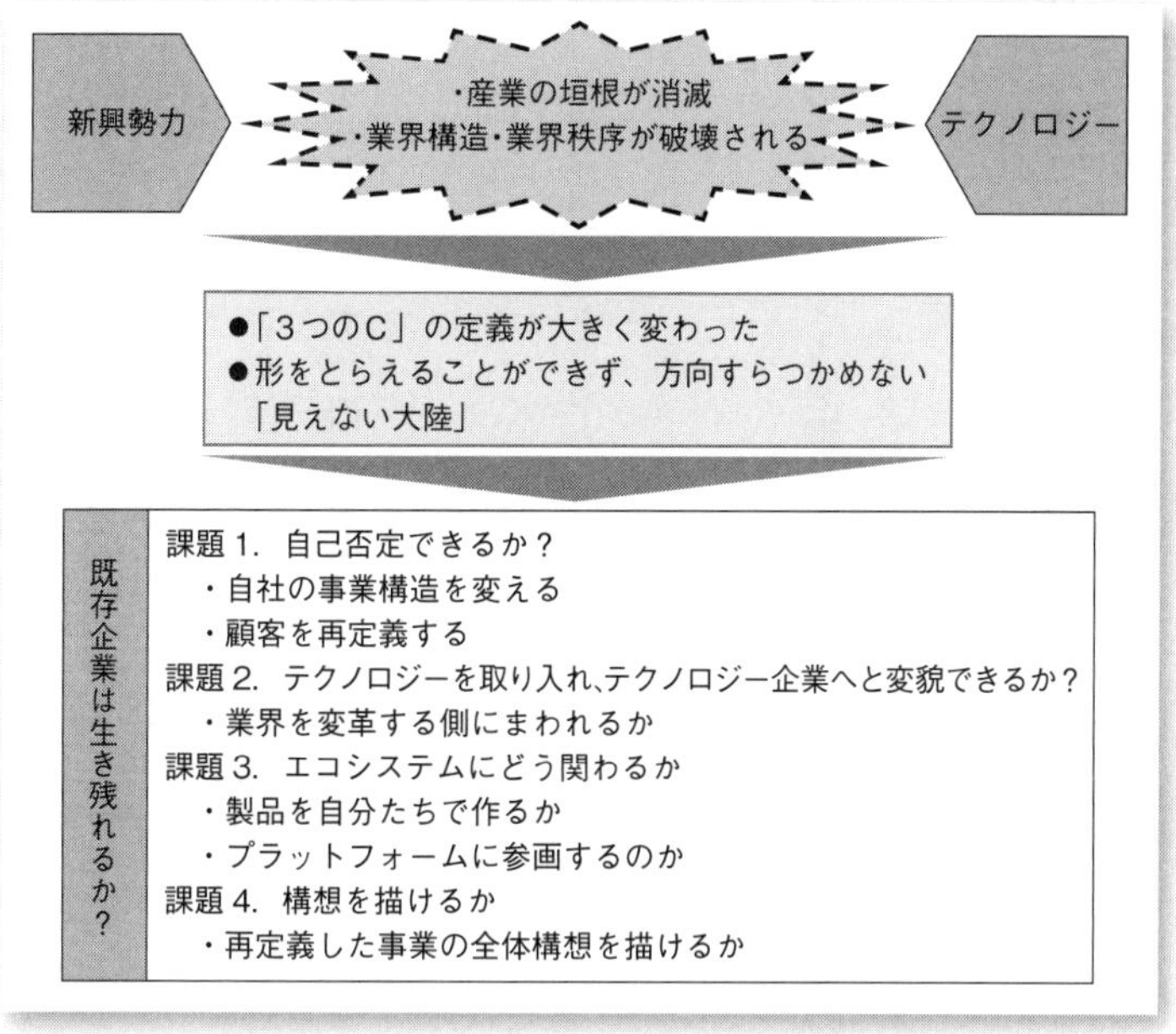
新興勢力
・産業の垣根が消滅
・業界構造・業界秩序が破壊される
テクノロジー
●「３つのC」の定義が大きく変わった
●形をとらえることができず、方向すらつかめない
「見えない大陸」

既存企業は生き残れるか？

課題 1.　自己否定できるか？
・自社の事業構造を変える
・顧客を再定義する
課題 2.　テクノロジーを取り入れ､テクノロジー企業へと変貌できるか？
・業界を変革する側にまわれるか
課題 3.　エコシステムにどう関わるか
・製品を自分たちで作るか
・プラットフォームに参画するのか
課題 4.　構想を描けるか
・再定義した事業の全体構想を描けるか

テクノロジーの進化により産業の垣根が消滅し、「３つのCの定義」が大きく変わった。激変する環境下で、既存企業は生き残れるか？

※資料：大前研一『新・資本論』2001、ほか各種文献・記事より
©BBT 大学総合研究所

日本企業が生き残るための４つの課題

テクノロジーの進化により産業の垣根が消滅し、「3つのC」の定義が大きく変化。こうした激変する環境下で、既存企業は生き残れるのか？　4つの課題を挙げます。

１つ目は、「自己否定できるか」

自社の事業構造を変え、顧客を再定義する必要がある、ということです。

２つ目は、「テクノロジーを取り入れ、テクノロジー企業へと変貌できるか？」

これは、業界を変革する側にまわれるか？　ということです。

３つ目は、「エコシステムにどう関わるか」

製品を自分たちで作るか、プラットフォームに参画するか、という判断が必要です。

4つ目は、「構想を描けるか」

再定義した事業の全体構想を描けるかどうかが課題となってきます。

今までの形や経緯にとらわれずに、新しいサイバー空間において自社の事業の将来像が描けるのかどうか、自己否定してテクノロジーをよく勉強して、現在のすごいエコシステムにうまく乗って、そして自社の3～5年後の姿が描けるか。

この時代に10年後の姿を明確に描ける人はいません。したがって、そんなに遠くない3～5年くらい先の姿をいかに描けるかが重要なのです。

05

【「企業」が世界とつながる方法】

自己否定、再定義して成長した企業たち

3Cを再定義したグーグル、アマゾン、アップル

ここで、産業の垣根を越えた事業で成功している企業の「自社事業の再定義の事例」、自己否定をして自社を再定義した大企業の事例をご紹介します。

図5―15は、グーグル、アマゾン、アップル、セコムの事例です。

グーグルは今後、自動運転、人工衛星、ヘルスケアの分野に進出していくと思われ

5－15　自社事業の再定義の事例

	これまでの領域	これからの領域	異分野の事業
グーグル	検索エンジン Webサービス スマホOS	自動車、人間の健康、地理空間、ロボット、宇宙など、現実世界の情報をすべてを取り込むのではないか	・自動運転 ・人工衛星 ・ヘルスケア
アマゾン	EC サイト	顧客（消費者・法人問わず）の購買体験（リアル・デジタル問わず）を向上させる領域・買い物の利便性に関する領域に進出	・画像検索 ・ロボット配送 ・出店者向け融資 ・クラウド
アップル	コンピュータ	コンピューティングで、生活が楽しくなる領域すべてに進出	・車載システム ・フィットネス ・時計
セコム	ホーム セキュリティ	ホームセキュリティに限らず広く、安心・安全の提供に関する事業に進出していくのではないか	・飛行警備ロボット ・病院経営

産業の垣根を越えた事業で成長している企業は、業種の枠にとらわれず、自社の事業を柔軟に 再定義している

※資料：各種文献・記事より
©BBT 大学総合研究所

ます。アマゾンは画像検索、ロボット配送、出店者向け融資、クラウドの分野に、アップルは車載システム、フィットネス、時計の分野に、セコムは、飛行警備ロボットや病院経営などに**参入**していくと思われます。

図5―16は、GE、フィリップス、ノキア、富士フイルムの事例です。

GEは、家電などの不採算部門を整理・縮小。また、医療診断機器や航空機エンジンに力を入れ、金融などの**新事業**にも次々と参入しています。

フィリップスは、事業の集中と選択により収益構造を改革。液晶パネルや半導体などの事業から撤退し、医療・照明・家電の3事業に**絞り込み**ました。

ノキアは、かつて世界トップシェアを誇った携帯電話部門をマイクロソフトに売却。基地局事業とデータサイエンス部門に**集中**した結果、財務内容も改善に向かいつつあります。

富士フイルムは、コア事業であった写真フイルム事業の大幅縮小という「本業消失」の危機に直面しました。しかし、グループ会社の富士ゼロックスが手がけるドキュメント事業、高機能素材事業、メディカル・ライフサイエンス事業などの6分野を

5－16　自社を再定義したエスタブリッシュ企業の事例

企業名	内　容
GE（米）	・家電などの不採算部門を整理・縮小 ・医療診断機器や航空機エンジンに力を入れ、金融等の新事業にも次々と参入
フィリップス（オランダ）	・事業の集中と選択により、収益構造を改革 ・液晶パネルや半導体などの事業から撤退し、医療・照明・家電の３事業に絞り込んだ
ノキア（フィンランド）	・2013年、かつて世界トップシェアの携帯電話部門をマイクロソフトに売却 ・基地局事業とデータサイエンス部門に集中、財務内容も改善に向かいつつある
富士フイルム	・コア事業だった写真フィルム事業の大幅縮小という「本業消失」の危機に直面 ・グループ会社の富士ゼロックスが手掛ける複合機などのドキュメント事業、液晶用フィルムに代表される高機能素材事業、医薬品や化粧品にも拡大したメディカル・ライフサイエンス事業などの６分野を新たな成長の軸に据える

自己否定をし、自社を再定義したエスタブリッシュ企業の事例から学ぶことは多い

※資料：各種文献・記事より

新たな成長の軸に据えて構造改革を断行。**事業構造を転換**させて新たな成長に向かっています。

このように各社とも自社を再定義していろいろとやっています。皆さんもぜひ、自分の会社がどう変わっていくべきなのか、自分たちのお客さんがどう変わってきているのか、本当に今までの競合相手だけを見ていればいいのか、また、自分の会社が持っているものと持っていないものを見極めて、持っていないものをクラウドソーシングで補うのか、それともＥＭＳ企業に頼むのか、そのようなことを考えながら、３～５年後の姿を設計していただきたいと思います。

06

【「個人」が世界とつながる方法】

若者よ、好きな場所で好きな仕事をしろ！

いかに人生を設計しデザインするか

個人も、やはりＩＴを活用して世界とつながることが鍵になってきます。そして一芸に秀でること。

起業に必要な資金、人材は世界から集める。今はクラウドファンディングというものがあり、人がいればお金が世界から集まるという時代ですので、ぜひチャレンジしていただきたい。ただ、集めたお金は将来、国債暴落からハイパーインフレになる可能性を想定して、管理、運用をしっかりと考える必要があります。

これからの個人にとって重要なことは「いかに自分の人生を設計し、デザインするか」です。今の日本の教育は、20世紀の日本を支えた「教えられる教育」の成功史に縛られ、変化する新しい時代に対応することができていません。そこには個人が**自身の人生をどうデザインするか**という視点が抜け落ちているのです。

ここで少し教育について考えてみましょう。

家族から学ぶ、フィンランド

日本では子供の家庭教育を母親頼みにしている家が多数派でしょう。そこで、父親に丸投げされて困った母親たちが、さらに家庭教師や塾にアウトソーシングするわけです。そういう意味で、**日本の家庭は子供の教育に無責任**だと言うことができます。

日本と対極にあるのがヨーロッパ諸国、例えばフィンランドです。「森と湖の国」

と称されるフィンランドでは、夏休みの一カ月ほどを森の中で、家族とゆったり過ごします。自然以外には何もない空間で朝から晩まで過ごすにはどうしたらいいか、家族であれこれ考えます。夕飯のために湖に行って魚を釣ってきたり、森の中の危険な植物や昆虫を親が教えてあげたりすることで、家族とはどういうものかを体感し、暮らしの中で家族から学ぶ、生活の知恵などを教わる、という仕組みになっているのです。そこには大人たちの生活するバンガローとは別に、子供たち専用の小さなバンガローもあって、子供たちは、そこに寝泊まりすることで自立心も育みます。

こういった**「子が親に学ぶ時間」**が日本にはほとんどありません。日本では夏の間に学校や地域が開くサマースクールや林間学校などがありますが、数泊の短期間で終わるものが多数です。父親たちも忙しいことを言い訳に、休みを取ってもせいぜい数日というところでしょう。

フィンランドのようにひと夏を家族一緒に森の中で過ごすとまではいきませんが、アメリカにはサマーキャンプがよくあります。私も子供たちをよくサマーキャンプに行かせました。幼稚園児の年頃から小学生〜中学生くらいの子供たちが2〜4週間くらいの間、森の中や海辺で集団生活を送ります。そこでは年長者の若い先輩たちがリーダーとなって、様々なプログラムを体験するわけです。アメリカでごく一般的に行われており、近年はアジアからもそのプログラムに参加する人が増えているようです。

現在私が経営している「アオバジャパン・インターナショナルスクール」という学校でも、例年、夏休みにサマーキャンプを実施していますが、学外の子供さんにも多数参加していただいています。日本でもこういったニーズはあるのかもしれません。子供の頃から自然と親しむことがとても必要なのです。

「海外シフト」という概念が消えたヨーロッパ

ヨーロッパに**「国境」という概念**がなくなって、もう20年になります。他国に行くにもパスポートは要らず、身分証明書だけあれば十分。通過する自動車のチェックも国境線上ではほとんどなくなり、スウェーデンからイタリアまでドライブできてしまいます。そのためヨーロッパ人、中でも特に若者の間には、自分は「ドイツ人だ」「フランス人だ」という意識自体が薄れており、「自分はヨーロピアンだ」と考える人が増えています。日本で昨今よく聞く「海外シフト」という言葉や概念も、ヨーロッパにはあまり存在しないように思います。

フィンランドでは7~8年前から、大学でのすべての講義が英語で行われるようになりました。もともとフィンランド語は世界で最も難しい言語の一つと言われており、それが留学生にとっての障壁となっていたのですが、講義を英語に切り替えた途端にヨーロッパ中から学生が集まり、大学が国際学校のようになったのです。こういったことからもヨーロッパ全体で人の動きが加速していることが分かります。

一方、韓国では国民の7％が国外に行ってしまうそうです。理由の一つとして挙げられるのが、国が財閥や官僚・エリートばかりを優遇しているので国を信用できず、それを嫌う人が国外に出ているということのようです。中学・高校から海外へ留学する人がとても増えています。

世界中に散らばるアイリッシュたち

歴史の側面から見ると、貧しい国だからこそ国外に出ていく人も多いという興味深い事実があります。例えばアイルランド。アイルランドというのは20年に一度くらいの頻度で飢饉に見舞われており、その都度食料を求めて国外に出る人が増えます。これを歴史上何度も繰り返しているので、アイルランドの人口は460万人程度ですが、アイリッシュと呼ばれる人は世界中に7000万人以上もいるのです。人口の約15倍もの人が海外に出てしまっているのです。

ケネディ元大統領もクリントン元大統領も、ポール・キーティングというオーストラリアの元首相も、ルーツを辿ると皆アイリッシュです。アイルランドも、今でこそ少しずつ繁栄し始めましたが、そう遠くない過去に飢饉があったというくらいですから、この国の人たちは国外に出ることへの抵抗感があまりないのです。

日本では明治時代に、食い潰れた農民がハワイやカリフォルニアなどに渡り、さらにどんどん南下してペルーやブラジルまで渡りましたが、この人たちは総勢100万人くらいになりました。私たちは今日、日系人が多いということでブラジルに親愛感のような情を感じるのですが、アイリッシュにしてみれば7000万人が世界中に広がっているわけですから、世界そのものに親愛を感じると言えるのかもしれません。

「食い潰れた時」を除いて、日本人は歴史的にあまり国外に出ていきませんでした。現代の日本において食い潰れるということはまずありません。これでは国外に活路を求めて出ていこうとはなりません。**日本人は世界的に見ても、最も自分の国を去らない民族**なのです。

退路を断たれて飢え死にしそうになるなど、国内ではどうしようもなくなって国外に行った人にはやはり根性があります。異国の地ブラジルで、ジャングルを切り拓いてピメント（胡椒の一種）の畑を作るなどということは、もともと農民だったとしても並みの根性でできることではありません。現代の日本人が同じような状況に置かれたら、どうなることでしょうか。

起業家輩出の御三家、台湾、インド、イスラエル

それでは、ビジネスチャンスを求めて国外に出るのは誰かというと、まず台湾人が挙げられます。彼らの国土は物理的に小さいのですが、語学力が非常に高い。さらに大学院に所属していると兵役免除になるので、若いエンジニアが多く育つ構造があり

ます。そのためアメリカに留学、卒業後にシリコンバレーで起業するといった流れができているのです。Yahoo! を創ったジェリー・ヤン氏が典型的です。

アメリカで起業する人の出身国と言えば、先にも述べた台湾、インド、イスラエル。これが御三家です。台湾やイスラエルのような小国から優秀な人材が出ているのですから、これはすごいことですが、この事実はあまり世間に知られていません。アメリカ人には台湾人と中国人の区別がつかない人が多いので、台湾人がすごいということは意外に表に出ていないのです。

一方、中国大陸からアメリカに渡って起業で成功した人は、実はあまりいません。アリババのジャック・マー氏も、起業は中国です。アメリカで起業して成功する外国人は、蓋を開けてみれば台湾人ばかりなのです。

現在の中国大陸の人には、アメリカで勝負するほどの力はなく、アメリカで成功しているビジネスを中国に持ち込み、誰よりも先に中国で始めて大きくなった、というケースがほとんどです。ジャック・マー氏や、中国語の検索エンジン「百度」を運営する百度公司のCEOロビン・リー氏など他にもたくさんいますが、たいていこのパターンで大きくなっています。

台湾人とインド人、イスラエル人は土俵を問いません。彼らからすると、**土俵＝地球**。このくらいの感覚でいるのではないでしょうか。

就職を急ぐ日本、急がないヨーロッパ

これからの若者たちに私が言いたいことは、**好きな場所で好きな仕事をすればいい、**ということです。国内にいても海外と関わる仕事はたくさんありますし、国内にとどまったから問題があるという話ではありません。ただ、できれば子供たちには、成長過程の途中で1年くらい海外に行って、それまでとは違った環境に身を置いてみてほしいと思います。

ドイツでは、ほとんどの人がギルド制度というマイスター（職人）育成制度の中で育ち、一方で大学に行った人たちは、将来の事務職やリーダー候補として活躍することが期待されているので、就職を急ぎません。就職内定率などという言葉が通用するのは日本と韓国、中国くらいで、イギリスやドイツにはそのような概念さえ存在しま

せん。イギリスでこの数値を測ったら、おそらく半分を下回っているでしょう。ドイツの場合は、**「ワンダーフォーゲル（さまよえる鳥の意）」**という言葉があって、大学卒業後の若者が世界を旅して見て回ることが習慣化しています。

先日、友人とバイクツーリングをしていたら、ドイツ人青年のふたり組みが道を尋ねてきました。何をしているのか聞いたら、一カ月もの間レンタカーで日本を周遊しているのだそうです。

いずれにしても北欧やドイツでは、「急いで就職しても仕方ないだろう」という考えが一般的なようです。日本人も、卒業後すぐに就職して40年間働き65歳で退職しても、まだ人生は20年もあるのです。しかも、この20年の間は特にやることがなくなってしまう人が多い。引退した私の友人たちに何をしているのか聞くと、せいぜい蘭の栽培か犬の散歩といったところです。最後に暇を持て余すくらいならば、就職する前の5年くらい「ワンダーフォーゲル」をしても問題ないのです。

07

【「個人」が世界とつながる方法】

ライフプランがファイナンシャルプランを変える

人生の展望を考えないから意志のない就職をする

なぜそこまで就職を急ぐのか。日本人の答えは単純で、おそらく「皆が急いでいるから」です。「お前まだ就職決まってないの？」などと言われるとひどく軽蔑されたように感じますが、イギリスやドイツではむしろその逆で、就職が早々に決まった人のほうが「窮屈な生活に押し込められて可哀想」という見方をされます。就職が決まらないことを、さも欠陥人間であるかのように見る風潮が日本にはあります。

お見合いと入社試験には似ているところがあって、何度やってもうまくいかない人がいます。なぜかと言うと、**人生について考える暇がない**からです。皆同じようにエスカレーターに乗って、皆が同じ「2階」を目指す。でも人生は、そんな簡単なものでも単純なものでもありません。「とりあえずの目的は2階です」などと言うようなつまらない人生は送るな、ということを私は強く言いたいのです。

日本は長寿世界一の国ですから、日本人は急いで生きたところで最後の20年はどうせ暇なのです。この20年を心底楽しんでいる人間を、私はほとんど見たことがありません。だからと言って意味のない浪人生活などしても仕方ありませんから、学校を出てから「さあ、これから何をしよう」と考えればいいのです。

ライフプランを考える

「キャリアプランニング」は耳慣れた言葉ですが、**「ライフプランニング」**という概念が日本にはまだ定着していません。それでいて、ひたすらお金だけは貯めています。なぜかと言うと、こういう人たちはお金を貯めること自体が目的になっているからです。貯金の目的を聞いても「いざという時のため」。生命保険も年金も同様です。「いざという時」の具体的イメージがないから、同じ目的のために貯金・年金・保険の三重投資をしているわけです。

私は、ライフプランというものを若いうちから考えていくことが、日本人にはもっと必要だと考えています。自分が平均寿命まで生きていくとした時に、どう生きていきたいかを考え、それにふさわしいファイナンシャルプランを立てればいいだけのことです。ライフプランあってのファイナンシャルプラン。この順番が大事なのです。日本人にはこの順序をはき違えている人が多くて、まずは貯金という人が本当に多いのです。

最近、日本人が家族旅行をする日数の平均が年間で2日になったという統計が出ました。今まではずっと年1日だったのが、ようやく2日に増えたようです。さんざん休暇や家族との時間を削ってお金を貯めておきながら、最後にはそのお金を使うこともなく天国に持っていってしまいます。

旅行や、人生でやりたいことは、どんどん実行していったほうがいいのです。このふたつは、70歳を過ぎてから考えるのは難しく、若い頃から計画的に実行していかなくてはなりません。ライフプランさえあればファイナンシャルプランも少しは変わってきます。

私はこのことを何度も提言してきていますが、日本人の生活パターンは昔からずっと変わりません。

重税時代の中でも楽しむスタンス

日本という国は、どのように**稼いでも55%は国に持っていかれます**。給与も55%引かれ、相続税も55%、キャピタルゲインで得ても同じように引かれるのです。江戸時代は五公五民と言って税率は50%でしたから、実は現代は江戸時代よりもひどい重税の時代というわけです。

よく相続税対策などと叫ばれていますが、そのようなことは親が高齢になってから考えても無駄です。相続税を回避するためにシンガポールや香港など海外に出る人がいますが、そういう人たちはたいてい海外で寂しい老後を過ごしています。そうなるくらいならいっそ、最初から55％はないものだと思って、残った金額の範囲で人生を楽しめばいいのです。

相続税対策をしたいのであれば、子供が生まれた時点で始めなくてはなりません。早くから動けば法定の範囲でできることもたくさんあります。ライフプランもファイナンシャルプランもない人は、手遅れになってようやくこの事実に気づきます。

あの松下幸之助さんも、最後は遺産の半分が国に持っていかれると知って「江戸時代だったら農民一揆だ」と、「無税国家論」を提唱されていました。日本が生んだ天才経営者でさえも、自らのライフプランを立てるのは苦手だったようです。幸之助さんは、美術館を作ったりハーバード大学に寄付したりと、お金の使い道を探っていました。だからハーバード大学には今でも、リーダーシップ論講座の中に彼の名を冠した授業があります。ご本人はとても喜んでおられましたが、やはり計画性があるに越したことはありません。

最後になっていきなり勢い任せにお金を使うよりも、計画的に楽しみを織り交ぜながら生きていったほうがよほどいいのです。**死ぬ時は貯金ゼロでいい**のですから。

08

自分の頭で考えよ。地方、企業、個人は国を相手にするな！

国内や中央しか見ていない日本人

地方も企業も個人も国や中央に頼るのではなく、世界中から直接自分の気に入ったところに投資をする、気に入った人を見つけてくる。こういうことをぜひやっていただきたい。

日本では皆、国内や中央しか見ていませんが、もうそういうことは止めるべきです。アベノミクスなどというものに3年も引きずり回されて何も起こっていません。しま

5－17　地方、企業、個人の展望

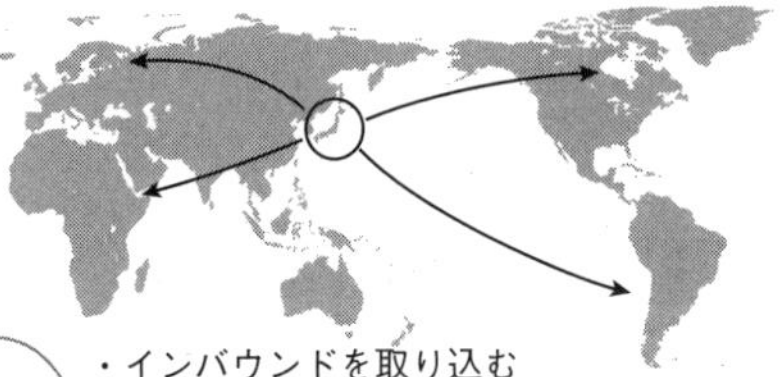

地方
- インバウンドを取り込む
- アイデア次第
- ＩＴで海外にプロモート

企業
- 国内の“非常識”な事例を知る
- 海外の突然変異種を研究する
- 新しい“人種”をチームに入れてトライ開始

個人
- ＩＴを活用して世界とつながる
- 起業に必要な資金、人材を世界から集める
- 一芸に秀でる

国・中央を向くのではなく、直接世界を相手にすれば明るい未来が開ける

日本は国としての展望は暗いが、地方、企業、個人にとっては世界を相手にしていけば、明るい未来が開ける

※資料：BBT大学総合研究所

いには1億総活躍などと言って「希望を生み出す強い経済／GDP600兆円」とか、「夢を紡ぐ子育て支援／出生率1・8％」とか、「安心につながる社会保障／介護離職ゼロ」などと言い出す始末です。そういうスローガンばかりが一人歩きしていますが、相手にしないほうがいいです。そんなものは聞く必要がない。皆さん、しっかりと**自分の頭で考えて、自分なりの方法で解決策を見出して**ください。

最後に、これからの宿題として私から日本企業の皆さん、経営者の皆さんに課題を与えたいと思います。

このあとのページで提示する6つの質問に対して、ぜひあなたなりの回答を考えてみてください。そして、ここまで述べてきた話やデータなどを見ながら、自分なりのシナリオを描いていただきたいと思います。

自分なりのシナリオを描け！　大前研一からの宿題

1 国内市場縮退に対する展望があるか？

うちの会社はここが他社とは違うぞ、というものを書き出してみてください。

2 先進国とBRICS以外の特定国に経営資源を集中する予定があるか？

1つか2つでいいので、どこに経営資源を集中したいか。またその理由は何かを挙げてください。

3 個人金融資産を市場に導き出す策があるか？

JR九州が「やけっぱち消費」を導き出したような策があるか、ということです。

4 日本人以外の才能を自社に取り込む（採用またはクラウドで）準備と計画があるか？
CrowdWorks、WeWork などを積極的に活用する気はあるか、ということです。

5 21世紀企業の染色体を研究し、変異する気があるか？
変化でも変革でも駄目です。染色体のように突然変異する気があるか、ということです。

6 大きな変革期に突入する準備としてダイバーシティ（国籍、人種、宗教、性別、年齢）をテコにする行動が取れるか？
ダイバーシティをテコに社内の重量関係を変える勇気が持てるか、ということです。

この6つの質問に対して、ぜひあなたなりの回答を考えてみてください。それでここまで述べてきたデータ等を見ながら、自分なりのシナリオを描いていただきたいと思います。

本書は、２０１５年年末に行われた企業経営者の勉強会、「向研会」での講演を、大幅に加筆・修正してまとめたものです。
※初出：２～７ｐ、16～26ｐ、88～97ｐ、１４４～１５４ｐ、１８３～１９２ｐ、２１８～２３６ｐ、２３７～２４８ｐ、２４９～２６３ｐは、『大前研一ビジネスジャーナル』を加筆・編集

向研会は、大前研一が主宰する株式会社ビジネス・ブレークスルー運営による企業経営者向け勉強会であり、毎月のセミナー／ディスカッション・年２回の国内・海外視察など、より実践的なケーススタディの場を提供しています。

（http://www.bbt757.com/kokenkai/）

〔著者紹介〕

大前　研一（おおまえ　けんいち）

株式会社ビジネス・ブレークスルー代表取締役社長。

ビジネス・ブレークスルー大学学長。

1943年、福岡県若松市（現北九州市若松区）生まれ。早稲田大学理工学部卒業。東京工業大学大学院原子核工学科で修士号、マサチューセッツ工科大学大学院原子力工学科で博士号を取得。経営コンサルティング会社マッキンゼー＆カンパニー日本社長、本社ディレクター、常務会メンバー、アジア太平洋地区会長等を歴任。94年退社。96～97年スタンフォード大学客員教授。97年にカリフォルニア大学ロサンゼルス校（UCLA）大学院公共政策学部教授に就任。現在、株式会社ビジネス・ブレークスルー代表取締役社長。オーストラリアのボンド大学の評議員（Trustee）兼教授。また、起業家育成の第一人者として、05年4月にビジネス・ブレークスルー大学大学院を設立、学長に就任。2010年4月にはビジネス・ブレークスルー大学が開学、学長に就任。02年9月に中国遼寧省および天津市の経済顧問に、また10年には重慶の経済顧問に就任。04年3月、韓国・梨花大学国際大学院名誉教授に就任。『新・国富論』、『新・大前研一レポート』等の著作で一貫して日本の改革を訴え続ける。

ニュースで学べない日本経済　（検印省略）

2016年4月15日　第1刷発行

著　者　大前　研一（おおまえ　けんいち）
発行者　川金　正法

発　行　株式会社KADOKAWA
〒102-8177　東京都千代田区富士見2-13-3
0570-002-301（カスタマーサポート・ナビダイヤル）
受付時間 9:00～17:00（土日 祝日 年末年始を除く）
http://www.kadokawa.co.jp/

落丁・乱丁本はご面倒でも、下記KADOKAWA読者係にお送りください。

送料は小社負担でお取り替えいたします。

古書店で購入したものについては、お取り替えできません。

電話049-259-1100（9：00～17：00／土日、祝日、年末年始を除く）

〒354-0041　埼玉県入間郡三芳町藤久保550-1

DTP／ニッタプリントサービス　印刷／三秀舎　製本／越後堂製本

ISBN978-4-04-601608-9　C2034